圖解筆記

• 剖析ETF與股票、共同基金的差異，原型、槓桿、反向ETF的不同，一次解釋清楚！

• 熟悉ETF操作策略，架構ETF買賣組合，學會利用反向ETF做空or避險，聰明避開投資地雷！

• 介紹國際知名ETF，徹底搞懂ETF與總體經濟的關聯，透過槓桿型ETF放大報酬率！

交易便利＋風險分散＋稅率較低＋資訊透明＝我靠投資ETF多元化資產配置，財務自由不求人！

3天

搞懂

ETF

投資

圖解

跨市跨境高CP值，讓你繞著地球賺N圈！

梁亦鴻／著

投資不再悲情，用ETF賺遍全世界！

你是否曾經因為學不會技術分析、基本分析，不會擇時、也不會挑股，迷失在茫茫股海？你曾經面對成千上萬檔基金標的卻不知所措，開始懷疑投資這條路是否值得堅持下去？也曾經計算出自己需要 3000 萬才有辦法樂活退休，可是工資低得令人「薪酸」、讓你「藍瘦香菇」（難受想哭），不知道錢從哪裡來？

2018 年之後，美國開始積極地升息了，有些人擔心「升升不息」對股票市場不利，於是對股票市場存有戒心，後來卻眼看著美股四大指數連袂創下歷史新高，只能後悔搥心肝！這種心態，就和臺股投資人看到萬點行情不僅沒有崩跌、竟還持續站穩超過一年一樣，原本期期以為不可，到頭來卻是自己躊躇、別人滿志。這是股市上漲時候的驚嘆心情！

時序拉回 2008 年的金融海嘯。美國在歷經 2008 年的金融海嘯衝擊、經濟受到重創之後，曾經有人認為，美國的經濟霸主地位要被取代了，美元的強勢貨幣角色也岌岌可危，持續被看衰。加上隨之而來的「歐豬五國」債務違約事件，更是讓世人談投資色變！許多因為投資受重創的人，都要把「戒投資」當成家訓了。這是股市重挫時候的驚嚇心情！

可是，景氣終究會循環。

經歷幾輪的量化寬鬆政策，利率也調降到趨近於零的史上低點，美國在不到十年之間，經濟開始復甦，也有多家企業的獲利創下新高；這些成效，都具體表現在股市上──所以，四大指數逐漸攀高，甚至紛紛創下歷史的高點。而在這個上漲的過程當中，有許多投資人眼見驚驚漲的格局，卻始終揮不去金融海嘯的陰霾，因為躊躇而錯失進場時間；或者因為標的個股漲高而不敢追高，錯失了財富重分配的黃金時點。在懊惱之餘，開始思索著：為什麼股市跌，讓人沮喪；但是股市漲，沒跟到、沒賺到，一樣讓人很糾結呢？

其實，投資不需要這樣兩面挨耳光，也不需要因此開始懷疑人生。長期看好某一個市場、某一個產業，可以選擇投資 ETF，讓你不用擔心挑錯個股所帶來的驚濤駭浪；

挑對了個股，也可以不必因為擔心紙上富貴而頻繁地低進高出，除了墊高交易成本之外，既傷神又疲累。ETF 讓你省去了精選持股、擇時進出的困擾。只要認識並充分瞭解 ETF，想要做好資產配置、架構屬於你的投資組合，其實是可以很輕鬆愉快完成的。

本書中，我們就是要介紹 ETF 為什麼是在財富增值的過程中，非得要認識並學會的智慧好夥伴！在第一天的各單元，我們將介紹一些應該知道的 ETF 基本觀念，當你在看對趨勢之後，學會使用 ETF 投資，可以讓你賺錢省時又省力。

在第二天的各單元，我們將介紹 ETF 的操作策略；可以是單筆，也可以定期定額投資 ETF。我們將舉出一些實際案例，讓你瞭解如何透過 ETF 這項投資工具來完成各階段的財務目標，預約富足人生！

在第三天的內容，我們將介紹如何運用 ETF 到國際市場淘金。特別是重「金」集結的美國市場當中，包羅萬象的 ETF 應該怎麼挑、怎麼選？還有巨龍甦醒的中國大陸，除了經濟突飛猛進之外，已經入摩的 A 股題材、未來「一帶一路」肯定的「吸金」效應，又可以如何運用 ETF 穩健地參與賺錢進行式。而為了培養與時俱進、學會自己找尋超夯 ETF 標的，我們也有提供圖文並茂的 ETF 網路資源，讓你可以按圖索驥。

過去幾年，ETF 這種被動式操作的基金，憑藉穩健的績效、較低的風險等特質，不僅成為許多政府基金、退休基金的首選，也是很多小額投資人進行資產配置不可或缺的一環。地球村成形之後，資金的輪動已經愈來愈快速。投資無國界，但是要減少投資所帶來知識的障礙，ETF 將是一般小資男女、上班族等投資朋友的首選！藉由跨界、跨市場的特性，透過 ETF 布局、投資全球，將可以使你的資產配置效率再升級！

準備好跟著我一起行動了嗎？透過 ETF 投資，將資金放入更多穩固可靠的好籃子，既能夠分散風險，也可以提高報酬率！

錢進 ETF：
你應該懂的 ETF 基本觀念

看對趨勢再投資，讓你賺錢省時又省力

原型、槓桿、反向 ETF？分辨清楚，達人就是你

第 3 小時　別人淘寶你淘金，國際常見 ETF 介紹

第 4 小時　周遊列國，投資國際化：錢進國際的方法

「第一次就上手」專欄

目錄

第 2 天

靈活多變，掌握獲利良機：
ETF 操作策略幫你趨吉避凶

第 3 小時　單筆＋定期定額，投資 ETF 攻守合宜、進退有據

第 4 小時　精打細算投資 ETF，預約富足人生：案例解析

「第一次就上手」專欄

目錄

第3天

ETF 淘金術：ETF 的全球資產配置藍圖

第**1**小時　臺股 ETF 的操作策略

第**2**小時　跨界跨市場：族繁不及備載的美股 ETF

第3小時　與時俱進：征戰一帶一路的陸股商機

第4小時　優質 ETF 看這裡：ETF 資訊這裡找

「第一次就上手」專欄

第1天

錢進 ETF：
你應該懂的 ETF 基本觀念

短線投資股票，讓你不得不汲汲於追求明牌，積極進出，因此而神經耗弱？中長期投資，股票卻讓你抱得步步驚心，存股甚至演變成存「骨」而大失所望？也曾經投資基金，最後卻淪為花錢請人家幫你虧錢？投資……真有這麼難嗎？其實，投資理財不必這麼悲情，ETF 將是你最新的資金救贖！

看對趨勢再投資，
讓你賺錢省時又省力

什麼是 ETF ？這是一種很夯的跨市、跨境的金融商品，已經成為許多投資人的新寵，初期不必花很多時間研究個股的財務報表或是學習判斷技術指標；區區 3000、5000 元新臺幣，就可以買下「整個」臺股的趨勢！如果野心夠大、眼光夠遠，還可以捧著外幣繞著地球賺──這種商品，就是「指數股票型基金」，也就是投資朋友都曾經聽過的 ETF ！

單元
重點

· 指數股票型基金 ETF，漲跌與標的指數亦步亦趨
· 高 CP 值的金融商品，讓華倫‧巴菲特的投資績效贏過基金經理人
· ETF 是股票的近親，還有槓桿倍數，增值財富更快速

認識 ETF：高 CP 值的金融商品

Q ETF 是新種商品嗎？

A ETF 的英文原文為「Exchange Traded Funds」，正式名稱為「指數股票型證券投資信託基金」，臺灣的投資界簡稱它為「指數股票型基金」。至於什麼是「指數股票型基金」？它也算是基金嗎？在解構這項投資工具之前，我們要先說明什麼是「指數」。

對於指數的認知，大家可能會聯想到，2017 年 5 月臺股站穩萬點指數之後，大家都在問，什麼時候會突破之前的歷史高點 12682 點？接下來臺股的布局又該如何避免「賺了指數卻賠了差價」？可見大家對於指數在萬點之上，還是有點戒慎恐懼的；甚至於即便在 2018 年的萬點指數已經成為常態，許多股民還是不敢進場。而在當年（2018）上半年，臺股也因為二個事件而讓買盤縮手。首先是 2 月道瓊二週暴跌逾 3000 點；接下來是 4 月美國與中國大陸貿易起摩擦，

互相撂狠話要讓對方好看，幾乎釀起全球股災！這兩個令人矚目的事件，雖然使得臺股大幅度地波動，但是卻仍然能夠穩穩地在 10500 點之上盤整時，還是有報導說，股民白作工、賺不到錢。這種臺股指數在 5000 點不敢買，萬點之上卻也賺不到錢，那麼指數可以用來做什麼呢？

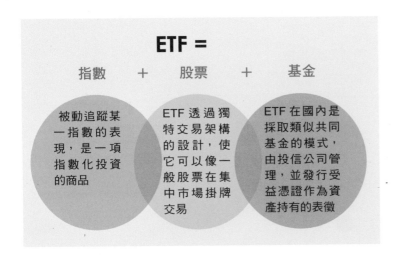

ETF =

指數　＋　股票　＋　基金

被動追蹤某一指數的表現，是一項指數化投資的商品

ETF 透過獨特交易架構的設計，使它可以像一般股票在集中市場掛牌交易

ETF 在國內是採取類似共同基金的模式，由投信公司管理，並發行受益憑證作為資產持有的表徵

Ⓠ 股價指數是景氣榮枯的晴雨計，各國指數的計算各有千秋

Ⓐ 其實指數的確可以用來作為判斷行情榮枯的參考。全球各地區的證券交易所都會用一個指數來說明行情是熱絡或是低靡。但是因為各國證券交易所採樣的股票（就是一般所謂的「成分股」）或是計算方式不同（採用市值計算或是股價計算，按照單價或是加權計算等……），因而衍生各種不同的指數。

觀念速解

成分股

就是指那些被納入股票指數計算範圍內的股票。

　　例如在美國，有我們熟知的四大指數：道瓊工業指數、那斯達克指數、S&P500（標準普爾 500）指數、費城半導體指數，日本的東京 225 指數，香港的恆生指數，以及上證綜合指數、深證綜合指數等。這些指數都或多或少說明，在某一個時間點，在這些交易所掛牌股票的整體（或者成分股）表現。因此，如果投資朋友對於某些市場比較有看法或是比

較有信心，可能會想，有沒有一支股票或是一籃子股票、某一檔商品，可以具體反映出該市場的未來表現，而不必受限於要精挑細選某些產業、某些個股，以換取局部的好處呢？因為有這樣的聲音，於是就催生出了 ETF 這種商品；換句話說，ETF 就是為了追蹤某個特定指數的波動起伏而設計出來的新種金融商品。

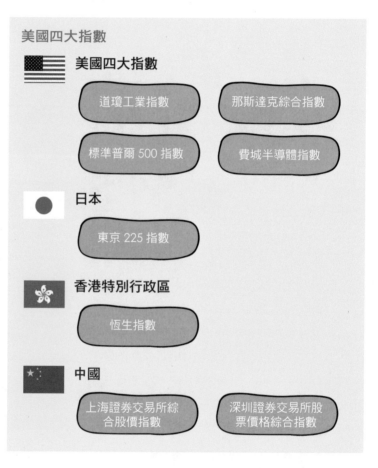

美國四大指數

🇺🇸 **美國四大指數**

> 道瓊工業指數

> 那斯達克綜合指數

> 標準普爾 500 指數

> 費城半導體指數

● **日本**

> 東京 225 指數

❀ **香港特別行政區**

> 恆生指數

★ **中國**

> 上海證券交易所綜合股價指數

> 深圳證券交易所股票價格綜合指數

ETF 要透過一籃子股票追蹤或複製某一產業或大盤的表現

更具體一點地說，這一類基金的資產配置，主要是按

照打算追蹤或複製指數的各成分股比重，安排同樣的資產配置，形成該基金的投資組合，以獲取和所選擇標的指數同步的表現。

雖說是基金，但比起傳統基金的各項表現，卻有青出於藍勝於藍之態勢。這是因為傳統的基金商品在交易成本與制度方面具有的某些缺點（例如基金的表現可能遠遠落後於大盤，或是手續費過高，侵蝕了報酬率等），資產管理公司就開始構思改變交易或選股的邏輯或方式，最後創造了這種同時兼具股票、封閉型基金與開放型基金各項特色之商品──「指數股票型基金」。

這類基金跟「指數型基金」一樣是以某一個特定指數為追蹤標的，並複製出相同資產配置模式的投資組合，但是售予一般投資人的持分憑證卻是採取如同股票的交易方式，在證券交易所掛牌買賣。所以，它又被稱為「指數股票」（Index Shares）。

Q ETF 既然可以在股票市場上交易，那麼它會不會像一般股票那般，價格被炒作地高不可攀？

A 為了讓 ETF 在上市之後的價格走勢可以同步反映所追蹤指數的變化，因此，每一檔 ETF 在規劃之初，都會將每一單位的淨值設計成是所追蹤標的指數的某個百分比，這樣的價格會比較親民，讓小資男女都可以買得起。而且，它還有一個特性，那就是 ETF 價格的漲跌和所追蹤的指數走勢具有更直接的相關性；一旦指數漲（跌），這些 ETF 的價格就會跟著漲（跌）。

由於這種與指數連動的特性，ETF 逐漸成為全球投資人的新寵。因為投資人在進場之前，只要先搞清楚相關指數未來的行情變化趨勢，再買進看好指數所對應的 ETF，就能夠簡單又精準地參與這些指數所帶來的報酬了。

ETF 完勝避險基金，股神「賭」贏！

Q ETF 和傳統基金還有什麼差別嗎？

A 雖然 ETF 被稱作「指數型基金」，但是多半的 ETF 都是在交易所掛牌，被當成股票一樣交易。投資朋友只要有證券帳戶，就可以在盤中隨時買賣 ETF，交易價格會依市價即時變動；另外，ETF 和傳統基金還有一項很大的差異，那就是傳統基金不能放空操作，但是 ETF 是可以的；而且有些 ETF 還可以有多倍數的槓桿操作。因此，ETF 就如同股票，交易方便又具有流動性，不像基金只能夠每天按照一個淨值交易。

然而誠如前面所提到的，ETF 其實是由「指數型基金」（Index Funds）衍生而來。著名學者 Markowitz 在 1952 年曾提出多元化投資概念，打算在傳統的基金操作模式當中，另外發展出一套協助投資人穩健獲利的投資模式，因而發展出指數化投資；而初期的產品，就是「指數型基金」。如果

我們看到臺灣證券交易所的說明，就會對於 ETF 與基金之間的關係有更深一層的瞭解。該說明為：「ETF 即為將指數予以證券化，由於指數係衡量市場漲跌趨勢之指標，因此所謂指數證券化，係指投資人不以傳統方式直接進行一籃子股票之投資，而是透過持有表彰指數標的股票權益的受益憑證來間接投資；因此簡而言之，ETF 是一種在證券交易所買賣，提供投資人參與指數表現的基金，ETF 基金以持有與指數相同之股票為主，分割成眾多單價較低之投資單位，發行受益憑證。」

　　我們也特別摘錄臺灣證券交易所關於目前上市交易之 ETF 彙整，如下圖所示：

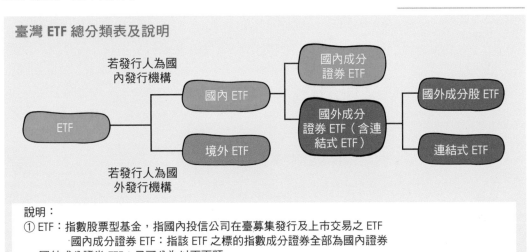

臺灣 ETF 總分類表及說明

說明：
① ETF：指數股票型基金，指國內投信公司在臺募集發行及上市交易之 ETF
　　　　國內成分證券 ETF：指該 ETF 之標的指數成分證券全部為國內證券
　國外成分證券 ETF：又可分為以下兩類
　I. 國外成分股 ETF：指該 ETF 之標的指數成分證券含一種以上之國外證券
　II. 連結式 ETF：指國內投信公司將國外 ETF 再包裝後來臺上市交易之 ETF
② 境外 ETF：指境外基金機構委託國內總代理人，將國外 ETF 直接跨境來臺上市交易之 ETF

資料來源：臺灣證券交易所

Q ETF 也內建很多收費模式嗎？

A 關於交易成本方面，傳統式基金除了手續費之外，還有多項交易成本需要支付，例如經理費、保管費等；而且基金經理人為了博取好的績效，必須要非常積極地選股、換股

操作，屬於「主動式管理」，藉以追求較高報酬率而能夠擊敗大盤指數的表現，因此週轉率很高，也因而墊高了交易成本！

　　相較之下，ETF 輕鬆簡單許多，它只需要投資人負擔如買賣股票時的交易手續費，以及有限的相關稅負（例如臺灣的證券交易稅）。另外，由於 ETF 的選股標的就是指數成分股，除非成分股的「成員」有所異動，要不然，基金經理人是不用傷腦筋調整持股的，屬於「被動式管理」。最重要的是，評估 ETF 的操作績效好壞，並非是要打敗大盤，而是要能夠與大盤表現同步；另外在投資組合方面，ETF 的投資組合會「每天」公布，不像有些基金是「定期」公布，沒有辦法知道基金經理人是否頻繁換股操作，可說相當透明。

　　因為這些重要的不同點，投資人只要安穩地賺取指數上漲的報酬率就可以了；而這些報酬長期累積下來也相當可觀，股神華倫 巴菲特（Warren Buffett））就曾經以投資這種被動式的基金，打敗全球的主動式基金經理人呢！

ETF 與共同基金的差別

交易差別	ETF	共同基金
買賣方式	如同股票一樣，可隨時交易（在盤中的價格時時刻刻都不同）	每天收市後，依資產淨值定價及交易（每天只有一個淨值）
投資管道	透過任何證券經紀商	透過銀行、基金公司、券商
可否放空	可以融資買進，也可以放空	只能夠買進，不可放空
投資組合	成分股透明化，除非追蹤的指數調整其成分股，否則成分股不隨意更動	成分股不透明，基金經理人因應市況主動調整成分股
交易費用	・管理費（較低） ・買賣交易手續費 ・證券交易稅	・管理費（較高） ・經理費 ・申購費 ・贖回費 ・轉換費

以下我們先將 ETF 和共同基金的差別整理成一張表，供讀者參閱：

Q 股神巴菲特與基金經理人的十年較勁，就是靠這個商品贏的嗎？

A 沒錯！巴菲特在 2005 年時，曾經向避險基金業者提出賭約；他認為，投資任何一檔低成本的美股 ETF，十年之後，其績效肯定會比任何一檔的避險基金來得更好，並設下為期十年、獎金高達 100 萬美元的賭局，廣發戰帖，邀請業界好手共襄盛舉！時隔二年，終於有人應戰，紐約避險基金業者 Protege Partners 的共同創辦人泰德 塞德斯（Ted Seides）在 2007 年出面接下戰帖。經過十年，時間來到 2017 年，股神在他發布的致股東信件中，宣告完勝避險基金業者！

巴菲特是如何獲勝的呢？他設定買進並持有美股 ETF──Vanguard S&P 500，在往後的九年，其績效達到 85.4%、複合年成長率高達 7.1%，遠勝參與對賭者塞德斯所挑選的五檔避險基金──它們的同期績效最高只有 62.8%、最低僅達 2.9%，平均複合年成長率只有 2.2%。如果我們用具體的金額來說明，結果將更為顯著與驚人：如果雙方最初投資 100 萬美元（約新臺幣 3000 萬元），過了十年，巴菲特投資的 ETF 有高達 85.4 萬美元（約新臺幣 2560 萬元）的投資收益，但紐約避險基金業者的投資收益僅有 22 萬美元（約新臺幣 660 萬元）！其差異之大，令人咋舌！

巴菲特用這個賭約證實了他的觀點──他始終認為，不論投資金額多寡，投資人如果選擇投資低成本的 ETF，長期下來的績效將勝過投資主動式基金！他甚至估計出，在同等時間的過去十年來，投資人因為投資主動式基金，額外多花費了 1000 億美元（約新臺幣 3 兆元）的手續費，可是換來的，卻是華爾街各個資產管理公司相對差勁的投資建議與投資結果。而早在 2014 年，他就計劃在他離世之後，將留給妻子

的九成財產投入 S&P 500 指數基金，而且要持有至少十年，讓這筆資金可以穩健成長。

如果股神都用具體行動來挺 ETF 了，身為小資男女的我們，還在猶豫什麼呢？

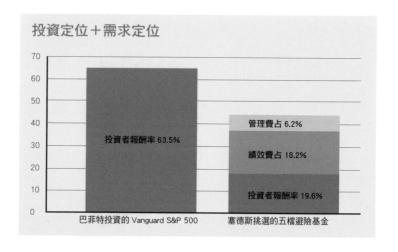

投資定位＋需求定位

- 巴菲特投資的 Vanguard S&P 500：投資者報酬率 63.5%
- 塞德斯挑選的五檔避險基金：管理費占 6.2%、績效費占 18.2%、投資者報酬率 19.6%

Ⓠ 那麼 ETF 有什麼優點和缺點呢？

Ⓐ 由於 ETF 的架構是建立在一籃子股票的投資組合上，投資組合透明，成分股不隨意變動，等於是花一點點的錢，就可以投資一籃子績優的股票。又因為 ETF 的走勢與股市同步，投資人不必特別鑽研某檔個股，只要判斷指數漲跌趨勢就可以了，不論是想持有短期、中期、長期，都可以視資金情況自由搭配運用；相較於其他的金融商品，ETF 是較不費力的投資工具。而且，ETF 的管理費用也比一般股票型基金低，相關的稅負也較低。此外，ETF 可以看多、也可以看空，還可以融資、融券，投資方式靈活且多樣化。當投資人看好趨勢時，能夠融資買進，因此獲利可以提高；看壞趨勢時，也可以趕快先賣出持股，等低價時再買回，不必擔心像放空期貨一樣，會有到期的問題。

不過，由於 ETF 是緊貼著指數走勢，可能在某段時間

觀念速解

融資融券

「融資」就是向券商或證金公司借錢買股票，借款期限到了，就需要還錢；而「融券」就是向券商或證金公司借股票先賣，借券期限到了、或者遇到強制回補時，就需要還券。

內會出現小幅溢價或是折價；而且不論某些個股的股價表現如何，它都不能因為某些行業目前的表現比較差，投資組合就跟著改變，把這些較差的個股剔除。例如，追蹤道瓊指數的 ETF，代號 DIA，如果某一天 IBM 大漲、可口可樂大跌，DIA 是無法把可口可樂從投資組合裡刪除、換成另外一家上市企業的；當然，也沒有辦法大量加碼、追漲 IBM。或者例如 2018 年 2 月下旬的某一天，美國大型連鎖零售企業巨擘沃爾瑪百貨（Walmart，股票代號 WMT）在公布財報之後，讓投資人大失所望，股價單日重挫超過 10%，拖累道瓊工業指數跌幅超過 1%，投資組合有包含它的 ETF，也並不能因此就馬上把沃爾瑪踢出道瓊的成分股。但是傳統式的基金就可以基於投資績效的好壞而馬上更換投資組合，這種即時調整投資標的的好處，ETF 就難以做到。

觀念速解
溢價、折價

市價比淨值高，就是「溢價」；市價比淨值低，就是「折價」。
ETFs 的市價高於淨值時，買進 ETFs 就要付出溢價；ETFs 的市價低於淨值時，就可以折價買進。

另外，ETF 跟指數之間也會有追蹤誤差，因此偶爾會出現小幅度的溢價或折價的情形。還有，它是在盤中交易，所以跟股票一樣會有價格波動的風險。而為了因應風險承受度較高的投資人，現在有很多資產管理公司會推出「槓桿型 ETF」（詳見第 1 天第 2 小時課程）或是「反向型 ETF」，這些新型態的 ETF 近親商品，雖然擁有較高的預期報酬率，但是一旦錯估情勢，損失也是以倍數計算！投資朋友在購入這種類型的 ETF 之前，一定要通盤瞭解這些商品的特性之後，再行投入資金，以免產生超額的損失。

以下我們把上述 ETF 的優點、缺點列成表格，供各位讀者參考：

ETF 優點	ETF 缺點
花小錢買一籃子股票，投資組合鮮少更動	除非指數標的更換成分股，否則即使某些成分股的績效差，也不能立即撤換
績效貼近指數，投資不費力	有時會出現小幅溢價或折價
可以買進、放空；融資、融券	風險如同股票操作
槓桿型 ETF，獲利時報酬率翻倍	操作槓桿型 ETF，一旦錯估情勢，損失也是以倍數計算

ETF 五大優勢，市場投資人青睞有加

(Q) 除了上述的優缺點，還有什麼理由要選擇投資 ETF ？相較於其他金融商品，ETF 又有什麼優勢值得市場投資人青睞有加？

(A) 全球 ETF 的市場規模，早在 2017 年 4 月時就已經突破 4 兆美元了，而且其成長力道仍在增強中，證明 ETF 的魅力無法擋！而近幾年來，臺灣 ETF 掛牌上架的規模也持續創新高，顯見臺灣投資人跟全球大多數的投資人一樣，對於 ETF 的投資金額也是日漸增溫。

　　為什麼會這樣呢？原因之一是，當你想要買個股時，就會有選股的問題，因此，你必須要學習技術分析、基本分析等實務操作必備的要領，這對於忙碌的上班族而言，總是力有未逮；若是道聽塗說就隨便進場買股票，不知不覺就會踩到必翔這種曾經也算是臺灣之光的地雷股。但是如果你買的是股票型 ETF，就能避開地雷股；因為 ETF 買進的是一籃子股票，如果這籃子的股票中，有的公司經營績效變差，就會自動被踢出「群組」；所以，買進 ETF 比起買進單一個股卻踩到地雷、甚至於下市變成壁紙的風險要小了許多。另外，由於市場在歷經金融海嘯、歐債危機、英國脫歐、中美貿易戰之後，投資人屢屢受到震撼教育，股票市場持續劇烈動盪，使得許多的個股以及基金受傷慘重；反觀 ETF 的績效則相對較為穩健。而且與個別股票或指數型基金相比，ETF 還具有以下特殊優勢：

☆ 優勢❶ 交易風險較低

ETF 可於盤中交易時間內「即時買賣」，所以其流動性會比只能在收盤後，以「淨值」進行交易的開放型指數基金來得高，同時也能夠降低投資人暴露於交易日內價格波動之風險。也就是在盤中，如果發生某些重大的利多或利空

的消息，投資人可以立即反應，看是要加碼或是減碼，而不必等到盤後，只能被動地接受基金公司所公布的淨值來交易。

　　一般來說，股票與封閉式基金是以次級市場之交易為主，而開放式基金則是於初級市場與基金公司直接依淨值申購及買回；ETF 是同時存在次級市場與初級市場，兼具股票和開放式指數基金特色之商品。ETF 與股票的相似處，在於 ETF 可於交易所上市買賣，也可作為信用交易標的；另一方面，ETF 的申購、贖回程序類似開放式基金的申購、贖回程序，只不過 ETF 通常不准許以現金申購及買回，而是訂定大宗實物申購及買回之作業程序。

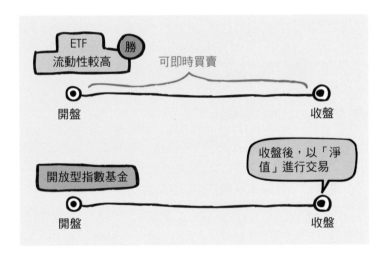

⭐ 優勢❷　交易成本較低

ETF 發行後，就在交易所掛牌，並採取如同股票或封閉型基金的盤中交易方式。其交易方式與交割方式都和普通股票一樣，而且投資人也可以使用信用交易方式（所謂的「融資、融券」）買賣，以及不受「平盤以下不得放空」的限制。

　　更重要的是：ETF 不像主動式基金需要「養」研究團隊，耗費較多的庶務費用；另外，也不必像主動式基金需要頻繁地週轉換股。因此，ETF 的交易成本（例如手續費

率）遠低於開放型基金，而證券交易稅率（1‰）也低於一般股票（3‰）。既然交易成本比較低，侵蝕獲利率的情況自然也比較低了。

ETF 與股票之比較

	ETF	股票
交易成本	手續費（0.1425%）＋交易稅（千分之一）	手續費（0.1425%）＋交易稅（千分之三）
融資融券	一掛牌即可融資（券），融券賣出且不受平盤以下不得放空之規定。	需上市（櫃）滿六個月方可以申請融資（券），且大多數個股平盤以下不得放空。
投資風險	與所追蹤指數走勢相同，一次交易即持有一籃子股票，可有效分散風險。	只有單一個股，風險承擔較高。

☆ 優勢❸ 定價效率較佳

ETF除了有本身的淨值（這個淨值和一般基金淨值的算法，基本上相同）之外，還同時擁有每日在交易所買賣成交的「市場價格」（以下簡稱市價）。

由於ETF是「指數證券化」之模式，所以，它的實體資產就是組成標的指數的一籃子股票。而所謂ETF之「實物申購」，便是投資人可以交付一籃子股票以交換「一定數量」之ETF；相對應之「實物贖回」，就是以「一定數量」之ETF換回一籃子股票。而這種「實物申購」、「實物贖回」的機制，是ETF特有的機制，一般基金是沒有的（就算是基金大戶，也不能跟基金公司換成股票回來持有）。

而所謂「一定數量」，就是進行申購買回程序之最小單位，稱為「實物申購／贖回基數」。ETF發行人會訂定實物申購／贖回基數，並且每日公布實物申購／贖回清單；因此，申購、贖回只能夠按照這個基數或其整數倍

進行，而且只能夠以實物股票的形式，透過參與證券商
（Participating Dealer，PD）進行。

這種 ETF 獨特之實物申購、贖回的機制，最大的好處
是可以降低折價、溢價之發生。當淨值與市價之間發生落
差時，就會有所謂的「折價」或「溢價」的問題。但由於
ETF 同時具有「在次級市場以『市價』交易」或是「在初
級市場以『淨值』交易」的特性，所以當 ETF 的市價明顯
偏離淨值時，上述所特有的機制就會被啟動，有人會在這
兩個市場之間買低賣高套利，因此將有助於縮小 ETF 市價
與淨值間的差距，也比較不會像傳統封閉型指數基金那般，
有大幅度折價、溢價的情況發生。

關於申購與贖回程序及 ETF 價格與淨值之關係，如下
圖所示：

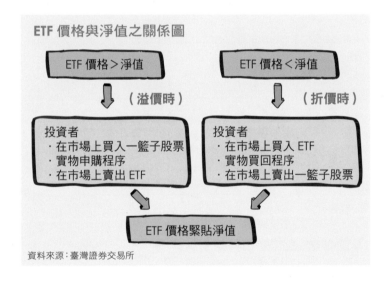

⭐ 優勢❹ 管理費用較低

投資人經由購買 ETF 便可以追蹤指數的表現，獲得與指數
變動相當之報酬率；ETF 與一般基金積極追求績效的目的
不同，是以模擬指數表現為目的，主要在於讓淨值能與指

數維持連動的關係；因此，它只會因為連動指數成分股內容以及權重改變，而被動調整投資組合之內容或比重，以符合「被動式管理」之目的。ETF 採「被動式管理」，相對於「主動式管理」的一般基金，具有較低管理費用的成本優勢。以臺灣市場上大型股票基金為例，平均年管理費率大約是 1.3%；但 ETF 的費率卻比較低，約介於 0.3% 至 0.4% 之間。

另外，ETF 申購與贖回時採用「等類（in-kind）交換」，也就是「用現股（而非現金）來交換 ETF 受益憑證」，或是「將 ETF 受益憑證換成現股」。如此一來，也可降低其交易成本。這也是為什麼 ETF 通常收取比一般基金以及指數基金更低管理費的原因。

ETF 與指數型基金的差異

	ETF	共同基金
交易成本	經理費（0.3～0.4%）＋手續費（0.1425%）＋交易稅（0.1%）	經理費（1.5%）＋保管費（0.15%）＋銷售手續費（0.6%～1.5%）
管理方式	被動式管理	積極式管理
交易方式	與股票相同，價格在盤中隨時變動，可以直接交易	依據每日收完盤後，結算基金的淨值進行交易

☆ 優勢❺ 較佳的指數交易工具

相較於其他指數衍生性商品（例如期貨或是選擇權），ETF 以信用交易（就是可以借錢買股票——稱為融資，也可以借股票先行賣出——稱為融券）時的保證金比率比較高（所以它的槓桿倍數就比期貨選擇權來得低），因此風險較小。

資料來源：臺灣證券交易所

　　同時，ETF 不像其他指數衍生性商品那樣需要逐日結算且有到期日（這些是期貨、選擇權的遊戲規則，有興趣的讀者可以參考相關資料），在操作上較為穩當。當成分股發放股利時，ETF 投資人也可間接收到孳息之分配（有些 ETF 每年都會發放股利）；所以許多機構投資人，例如保險公司、共同基金或退休基金，為免承受過高的市場風險，通常不被允許交易指數期貨或選擇權，此時 ETF 便是最佳的指數交易工具的替代選擇。

ETF 之配息來源

1.
ETF 各指數成分股每年配發的現金股利

2.
資產管理公司將 ETF 成分股出借的收益

3.
資產管理公司，因為持續追蹤指數的成分股，在交易過程中所累積下來的買賣價差利潤

4.
資產管理公司在管理基金現金部位的利息收入

由上面介紹的這幾個優勢及特點可知，ETF 因為操作簡單、投資組合的透明度高，加上所代表的投資標的為一籃子股票，可以有效分散投資、降低風險，對於忙碌的現代人來講，能夠省去選股程序（總體經濟分析、產業分析、個別公司財務營運狀況分析等）所要耗費的時間與精力，是相當適合一般家庭規劃長期財富管理計畫時使用的金融工具。

Q 投資 ETF 時，需要注意哪些風險呢？

A 就像投資任何一種金融商品，投資 ETF 自然也有風險。歸納出來，有下列三種風險：

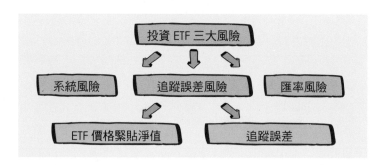

❶ 系統風險

所謂的系統性風險，就是「人在江湖，身不由己」的風險。投資學的教科書會告訴你，一個投資組合會面對兩種風險：系統性風險與非系統性風險。前者又稱為大盤的風險，也就是只要你將資金投入股市，不管是購買重量級的權值股或是中小型股，只要是大環境有些風吹草動（例如利率的升降、匯率升值或貶值、戰爭、中美貿易戰等），深處其中的個股，無一可以倖免於難，多多少少會受到牽累。因此，系統風險是沒有辦法完全規避的。

而所謂的非系統性風險則是指個別企業的風險；換句話說，一旦你認為某一種產業或者是對某一檔個股的財務數

字、前景有所疑慮時，就不要投資這個產業裡的任何公司，也就不至於會踩到地雷。甚至於，如果增加你的投資組合中的投資標的數目，將可以降低個別企業可能帶來的風險——也就是說，可以透過分散持股而達到降低風險的目的（理論上甚至可以降到零）。而 ETF 既然是一個投資組合，包含了很多個股，自然可以讓投資人降低個別企業所帶來的風險。但是，承擔系統性風險卻還是不可避免的，因為這些個股仍然隸屬大盤，會承受跟大盤一樣的波動風險。

 雖說 ETF 是一種投資組合，內含許多個股，投資人可以免於「個別企業的風險」，但是別忘了，個股還是在整個大盤之下，大盤一旦產生上下動盪，個股絕對無法倖免，因此投資 ETF 還是會面臨大盤帶來的風險——系統風險。

❷ 追蹤誤差的風險

ETF 所連結、複製的指數本身，其實是不會有任何的成本的；但是基金公司運用財務工程知識創造出來的 ETF，為了複製指數的表現，會盡量採取跟指數相同的成分股（但多半跟所複製、追蹤的指數成分股無法完全相同），這中間就會衍生許多種費用，例如手續費、證券交易稅、庶務管理費用等等。就這一部分，自然會略遜於純粹指數的報酬了。

 ETF 連結的指數報酬不會有任何成本，然而為了產生與指數一樣的組合，會衍生許多其他費用。

此外，當所追蹤、複製指數的成分股有所變動時，發行的基金公司可能會因為某些市場因素，無法在第一時間就取得變動的成分股而立即調整，於是也使得標的指數的報酬與 ETF 的報酬產生差距，這之間的差距就稱為「追蹤

誤差」。而追蹤誤差的風險就是投資 ETF 所必需承擔的風險之一。至於「追蹤誤差」的風險，主要是來自於「追蹤偏離度」及「追蹤誤差」這兩種。

 指數成分股變動時，發行公司或許會因為市場因素而無法即時取得變動的成分股，這些因素會讓指數報酬與 ETF 報酬產生差距，稱為「追蹤誤差」。

以下我們進一步說明兩者的意義：

☆ 追蹤偏離度

這是指在某一段期間內，ETF 與其所追蹤指數的報酬差距。例如在某個交易日，某 ETF 的每股資產淨值（NAV）由 10 元上漲到 10.1 元（所以報酬率是 1%），而該 ETF 所追蹤的指數由 10000 點上漲到 10110 點（所以報酬率是 1.1%），那麼這檔 ETF 在這天的追蹤偏離度就是 -0.1%。

要提醒讀者注意的是，我們在計算 ETF 報酬率時，應該客觀地使用 ETF 的每股資產淨值（NAV）的變化，而不是 ETF 的交易價格（這是投資人主觀的交易價格）。

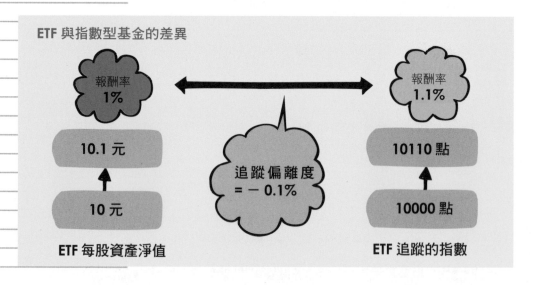

ETF 與指數型基金的差異

報酬率 1%　　　　　　　　　報酬率 1.1%

10.1 元　　追蹤偏離度 = － 0.1%　　10110 點

10 元　　　　　　　　　　　10000 點

ETF 每股資產淨值　　　　　　ETF 追蹤的指數

⭐ 追蹤誤差

這是衍生自「追蹤偏離度」而來；它的意義是指在某一段期間內，該檔 ETF 追蹤偏離度的「波動性」（一般使用統計學的標準差來估算）大小；波動度愈小，表示愈穩定。投資朋友可以利用追蹤誤差的大小，評估該檔 ETF 在追蹤指數上的穩定性如何，以便進一步決定是否買進持有。

假設有 A、B 兩檔追蹤同一個指數的 ETF，在同一段期間內，A 的追蹤誤差為 1%，B 的追蹤誤差為 1.5%，那麼 A 在追蹤指數上就有較高的穩定性，也就是較佳的投資標的。

追蹤偏離度	追蹤誤差
在相同的投資期間內，ETF 的報酬和它所追蹤指標報酬的差異，也就是投資人直覺計算標的指數報酬與 ETF 報酬之間的差額	反映在投資期間一檔 ETF 的走勢和它基準指數的相近程度，是相對報酬的標準差。必須先算出追蹤偏離度，再用標準差的概念計算追蹤誤差

 ETF 報酬率－指數報酬＝追蹤誤差

❸ 匯率風險

如果你投資的 ETF 是國內商品，就不會有匯率風險的問題。然而隨著全球化時代的來臨，布局海外 ETF 也是投資選項之一（請參看後續章節），這時，投資朋友就必須面臨匯率波動的風險；所以在「錢」進海外 ETF 之前，最好先瞭解一下匯率的走勢，以免賺了價差，卻賠了匯差。

 投資國內 ETF ＞ 沒有匯率風險的問題
投資海外 ETF ＞ 必須面臨匯率風險

瞭解了 ETF 基本的觀念，接下來，我們要告訴你如何透過國內外多樣的 ETF 產品做好資產配置，讓你的財富穩定增值！

原型、槓桿、反向 ETF？
分辨清楚，達人就是你

由於 ETF 是追蹤、複製指數的一項產品，只要投資朋友對於大盤或者某一項產業（例如電子或金融產業）的未來發展有具體的多空方向，就可以找到相對應的 ETF 來投資，獲取波段利潤，很是單純、方便。而金融業者為了推陳出新，也陸續在「原型」的 ETF 之外，陸續推出「槓桿型 ETF」與「反向型 ETF」，供投資朋友選擇。在 ETF 品項愈來愈多的情況之下，是讓投資朋友多了選擇？還是無從選擇呢？

・槓桿＋反向 ETF，多空都能賺

・趨勢看多——選槓桿；趨勢看空——選反向

・注意複製指數有誤差，槓桿＋反向 ETF 報酬率這樣計算

ETF 新成員：槓桿＋反向，多空都能賺

Q 在 ETF 行情表上面，有看到「元大臺灣 50 正 2」、「國泰臺灣加權反 1」等，這也算是 ETF 嗎？它們是什麼樣的金融商品？

A 這些都是 ETF 家族的成員。「元大臺灣 50 正 2」是所謂的「槓桿型 ETF」，這是一種每日追蹤標的指數的收益，而且是正向（也就是同一個方向的趨勢）、若干倍數（正 2 就是正向二倍的意思）的 ETF。

舉例來說，如果槓桿倍數是二倍，代表這檔 ETF 所追蹤的標的指數上漲 1% 時，二倍槓桿型 ETF 在「理論上」將上漲 2%；如果標的指數下跌 1%，二倍槓桿型 ETF「理論上」也會下跌 2%。

而「國泰臺灣加權反 1」則是一種每日追蹤標的指數的收益，而且是反向（也就是認為該標的指數會朝相反方向的

趨勢走）、若干倍數（反 1 就是反向一倍的意思）的 ETF。

　　進一步說，如果是反向一倍，代表這檔 ETF 所追蹤的標的指數上漲 1%，反向一倍 ETF 在「理論上」將下跌 1%；如果標的指數下跌 1%，反向一倍 ETF「理論上」將上漲 1%。

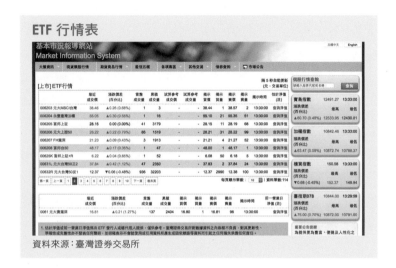

資料來源：臺灣證券交易所

複製指數有誤差，報酬率這樣算

Q 所以，不管是正向或反向的 ETF，它們的報酬率都不會是百分百按照所追蹤指數乘以 N 倍（或負 N 倍）嗎？

A 是的，這是因為 ETF 複製追蹤指數的方式，最常見的有三種：完全複製法、最佳化複製法、合成複製法。因為複製方法的不同，造成 ETF 與所追蹤的指數有所誤差。我們簡單地來說明一下：

❶ 完全複製法
這是目前大多數 ETF 複製標的指數的方法、也是最傳統的方式。這種做法是讓 ETF 完全依照所要追蹤指數的成分股

以及有各成分股所占的比重，買入股票進行投資；一旦標的指數的成分股因故變動時，該檔 ETF 也必須同步調整持股。因此，ETF 與所追蹤的指數之間，就好像同卵雙胞胎，幾乎一模一樣；績效表現也將難分軒輊（但仍會有些許誤差）。

這種追蹤、複製指數策略的好處是，ETF 比較能夠精準地追蹤標的指數的表現；缺點則是，一旦標的指數的成分股太多（例如臺股上市指數的成分股有數百檔，然而道瓊工業指數只有 30 檔成分股），要追蹤、複製起來，不但難度增加，交易成本也會很高。

如果是像道瓊工業指數（成分股 30 檔）、香港恆生指數（成分股 50 檔）的成分股較少，當成分股異動時，買進、賣出調整的時間相對較為迅速，誤差可能會因而較小；但如果是像日經指數成分股有 225 檔、臺股成分股則是高達數百檔，若是要採取這種完全複製法，在調整成分股時將會花掉比較長的時間，追蹤的誤差可能也會比較大。

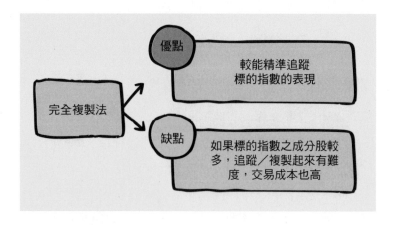

❷ **最佳化複製法**

為了因應前面所說，成分股較多、不容易全數複製的情況下，就會採取最佳化複製法。這種做法是從要追蹤指數的所有成分股當中，按照某些規則（例如挑選市值最大的）挑出一些最具代表性的成分股，再據此建構一個與所欲追蹤指數

相差不多的投資組合，成立一檔 ETF。

　　這種做法的好處是可以降低調整、買賣眾多成分股所衍生出來的交易成本；缺點則是它不像上述的完全複製法可以緊貼標的指數之變化，導致更可能產生追蹤誤差。

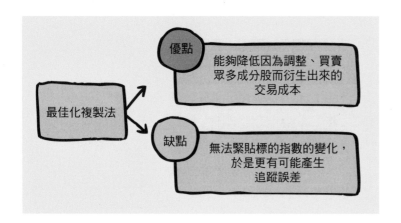

❸ 合成複製法

這是目前資產管理公司推出 ETF 的最新操作模式。它不像上述提到的兩種方法都是以持有指數成分股為 ETF 的主要資產，採用合成複製法「製造」出來的 ETF，不一定會直接持有所欲追蹤標的指數的成分股，而是透過運用相關的衍生性金融商品（例如期貨、選擇權等），達到追蹤指數表現的「效果」，因此也潛藏較多的風險。這些風險包括承作衍生性金融商品交易對手的風險（信用風險、違約風險、作業風險）以及流動性風險（買得到卻賣不掉）等。

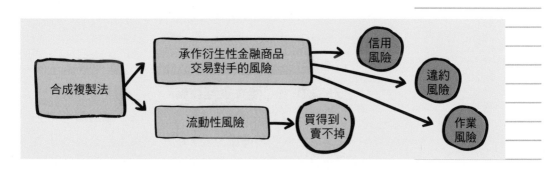

ETF 複製追蹤指數的三種方式

完全複製法 Full Replication	最佳化複製法 Representative Sampling	合成複製法 Synthetic Replication
完全按照「追蹤指數的成分股」與「成分比重」進行投資；指數成分股變動時，ETF 要跟著調整	從追蹤指數的成分股之中，挑出「幾個最具代表性的成分股」，組成和追蹤指數差不多的投資組合	透過運用「金融衍生性商品」達到追蹤指數表現的效果，有「交易對手風險」和「流動性風險」

Q 那麼 ETF 的績效和所追蹤指數中的差異，除了成分股的因素之外，還有什麼因素嗎？

A 創造 ETF 的資產管理公司雖然總是致力於縮小「追蹤誤差」，但是 ETF 多半還是會落後於它所追蹤指數的績效，這主要是來自二個因素：

❶ 各種費用的支出

由於各種指數都沒有所謂的費用項目，但是，每一檔 ETF，資產管理公司都需要負擔各種名目的費用，例如管理費、手續費、交易稅等相關成本及費用，這些或多或少的稅、費，就會侵蝕 ETF 的報酬，也因此績效表現就可能會落後於指數了。

❷ 指數的成分股異動需要調整時

指數多半會因為其所設定的條件（例如價格或市值）變動而需要調整成分股，然而當指數的成分股變動時，通常 ETF 並沒有辦法立刻以相同的價格調整持股，所以會有時間差、價格的落差。

另外，指數在調整其成分股時，並不需要負擔任何成本，但是 ETF 卻必須在調整持股時，付出諸如手續費、證券交易稅等相關交易成本，甚至還有個股之間的價差。這一來一往之間，就有可能產生較大的追蹤誤差。

　　就是因為 ETF 必須負擔手續費、持有成本，以及調整成分股的成本等支出，導致 ETF 基金的淨值會與所追蹤標的指數之間產生誤差，因而無法達到百分百複製、緊貼標的指數走勢的目標。

　　瞭解這些追蹤指數的方式與可能產生的誤差之後，將來我們在討論各種操作策略和投資組合的報酬率時，才不會產生不必要的誤解。

重點 ➤ ETF 發行商徵收的管理費是導致追蹤誤差的因素之一。然而即使已經針對管理費做調整，大部分的 ETF 還是會有一些追蹤誤差。造成追蹤誤差的其他因素還包括了「稅務處理」以及「派發股息的時間選擇」。和採用合成複製法的 ETF 相比，採用完全複製法的 ETF 會有更大的追蹤誤差。

Q 市面上有很多檔 ETF 追蹤、複製同一個指數，那麼我們在挑選 ETF 時，是不是要盡量選擇投資誤差較小的 ETF？

A 當然是要選擇投資誤差較小的 ETF。資產管理公司在管理 ETF 的投資績效時，是希望能夠以最小「追蹤偏離度」以及最小「追蹤誤差」為其主要目標。我們來瞭解一下這二個目標的差別（可以參考「第 1 天第 1 小時」的說明）：

❶ 追蹤偏離度

這是指在某一段期間，該檔 ETF 與其所追蹤指數之間績效的差距大小。

　　首先要說明的是，我們在計算某一檔 ETF 的報酬率時，應該要回到 ETF 本身（也是基金的本質）——也就是要用該檔 ETF 基金的每股淨資產價值（Net Asset Value，NAV）的變化程度，而不是用該檔 ETF 交易價格的增減程度。

舉例來說，在某個交易日收盤之後，有一檔 ETF 的每股資產淨值由 10 元上漲到 10.1 元（所以報酬率是 1%），然而該檔 ETF 所追蹤的指數，卻是由 10000 點上漲到 10110 點（報酬率是 1.1%），這當中的差異，就是所謂的「偏離度」。因此，該檔 ETF 在這一天就有「追蹤偏離度」－ 0.1%（1% － 1.1% ＝－ 0.1%）。

❷ 追蹤誤差

這是指在某一段期間，該檔 ETF「追蹤偏離度」的「波動性」大小（一般會使用統計學的標準差來表示）。投資朋友可以利用追蹤誤差的大小，評估該檔 ETF 在追蹤指數上的穩定性如何。

　　假設有二檔結構相同、追蹤同一個標的指數的 ETF，在同一段期間內，A 這檔 ETF 的追蹤誤差是 1%，而 B 這檔 ETF 的追蹤誤差則是 1.5%，那麼 A 這檔 ETF 在追蹤指數上就具有較高的穩定性。

　　我們之所以投資 ETF，是想透過追蹤標的指數以獲得貼近指數的報酬，如果本身的指數追蹤能力不佳，就會造成該拿到報酬卻拿不到的後果；假設每年落後 1% 或 2%，長期下來反而變成在投資高成本的 ETF 了，各位讀者請務必留意！

「趨勢看多」選槓桿，「趨勢看空」選反向

Q 什麼時候應該選擇槓桿型 ETF？又該在什麼時候選擇反向型 ETF 呢？

A 一般說來，由於槓桿型 ETF 有放大報酬率的效果，所以如果長線看好某一個標的指數的話，是很適合投資槓桿型

ETF、參與標的指數漲升的倍數報酬。相反地，如果對市場或某一產業看法偏空的話，就適合透過買進反向型 ETF 來獲取看對方向的報酬，或者是規避標的指數下跌的風險。由於具有複利效果，不管是看對或者看錯方向，對於報酬率的計算都需要進一步瞭解其計算方式。

在假設追蹤偏離度而且誤差效果略而不計的情況之下，我們來看看，買進正向二倍和反向一倍 ETF 的累積報酬率，分別是如何？

情境一 指數連續上漲五天，每天上漲 2%

假設標的指數連續上漲五天，每天上漲 2%，而且標的指數之波動情況相對穩定時，那麼標的指數會從 100 漲到 110.41，累積報酬率為 10.41%；然而正向二倍 ETF 的報酬率則為 21.67%。所以槓桿二倍 ETF 的報酬率是標的指數報酬率的 2.1 倍，而不僅僅只是二倍而已。這顯示當盤勢連續上漲，且波動率相對較低時，複利效果將使得槓桿倍數 ETF 的報酬率大幅增加。

同理，反向一倍 ETF 在標的指數連續以每天漲幅 2% 上漲五天之後，並非賠掉 10%（－ 2% × 5），而是－ 9.61%，反倒有縮小跌幅的情況。這也是因為複利效果的關係。

日期	標的指數			槓桿二倍 ETF			反向一倍 ETF		
	指數	日報酬	累積報酬	投資組合價值	日報酬	累積報酬	投資組合價值	日報酬	累積報酬
T	100		0%	100		0%	100		0%
T1	102	2%	2%	104	4%	4%	98	-2%	-2%
T2	104.04	2%	4.04%	108.16	4%	8.16%	96.04	-2%	-3.96%
T3	106.12	2%	6.12%	112.49	4%	12.49%	94.12	-2%	-5.88%
T4	108.24	2%	8.24%	116.99	4%	16.99%	96.24	-2%	-3.76%
T5	110.41	2%	10.41%	121.67	4%	21.67%	90.39	-2%	-9.61%

指數連續下跌五天，每天下跌2%

假設標的指數連續下跌五天，每天下跌 2%，而且標的指數之波動情況相對穩定時，那麼標的指數會從 100 跌到 90.39，累積報酬率為 − 9.61%；正向二倍 ETF 的報酬率則為 − 18.46%。所以槓桿二倍 ETF 的跌幅是標的指數跌幅的 1.92 倍，而不是預期中的 − 2 倍，這也是複利效果的關係。

我們再來看看，反向一倍 ETF 在標的指數連續以每天跌幅 2% 下跌五天之後，並不只是上漲 10%（2% × 5），而是 10.41%，反倒有放大漲幅的情況。這也是因為複利效果的關係。

日期	標的指數			槓桿二倍 ETF			反向一倍 ETF		
	指數	日報酬	累積報酬	投資組合價值	日報酬	累積報酬	投資組合價值	日報酬	累積報酬
T	100		0%	100		0%	100		0%
T1	98	-2%	-2%	96	-4%	-4%	102	2%	2%
T2	96.04	-2%	-3.96%	92.16	-4%	-7.84%	104.04	2%	4.04%
T3	94.12	-2%	-5.88%	88.47	-4%	-11.53%	106.12	2%	6.12%
T4	92.24	-2%	-7.76%	84.93	-4%	-15.07%	108.24	2%	8.24%
T5	90.39	-2%	-9.61%	81.54	-4%	-18.46%	110.41	2%	10.41%

情境三 指數上下震盪，一天上漲、一天下跌，每天幅度都是2%

假設標的指數一天上漲、一天下跌，呈現震盪的格局。如果連續震盪五天，每天幅度都是 2%，會是什麼樣的情況？

我們可以從試算表中看到，經過這五天的震盪，標的指數會從 100 上漲到 101.92，漲幅是 1.92%。槓桿二倍 ETF 則是上漲到 103.67，漲幅是 3.67%，是標的指數的 1.9 倍，而不是二倍。而反向 ETF 則是下跌到 97.92，跌幅是 2.08%，也不是理所當然的 1.92%。

日期	標的指數			槓桿二倍 ETF			反向一倍 ETF		
	指數	日報酬	累積報酬	投資組合價值	日報酬	累積報酬	投資組合價值	日報酬	累積報酬
T	100		0%	100		0%	100		0%
T1	102	2%	2%	104	4%	4%	98	-2%	-2%
T2	99.96	-2%	-0.04%	99.84	-4%	-0.16%	99.96	2%	-0.04%
T3	101.96	2%	1.96%	103.83	4%	3.83%	97.96	-2%	-2.04%
T4	99.92	-2%	-0.08%	99.68	-4%	-0.32%	99.92	2%	-0.08%
T5	101.92	2%	1.92%	103.67	4%	3.67%	97.92	-2%	-2.08%

原生、槓桿、反向：混搭操作，長線保護短線

Q 行情版上的 ETF 品項繁多，又該如何搭配呢？

A 臺灣從 2003 年出現第一檔 ETF（0050）至今，品項已經不限於傳統的原生 ETF，深具特色的 ETF 不斷地推出；連結的標的指數，不僅跨產業、跨市，也跨國際，品種進化、翻新，讓投資人有更多樣的選擇。根據工商時報的報導，截至 2018 年 3 月底，國內 ETF 檔數已達 115 檔、總規模達 4161 億元，遠超過臺股基金的規模（1776 億），甚至比投信發行的跨國基金規模（4053 億元）還要高。

　　關於這些跨市、跨境的基金要如何操作，我們在後面的章節會陸續地說明。如果以資產配置的角度來說，要如何搭配、操作最基本的原生、槓桿、反向這三種類型的 ETF？可以簡單地把握以下三項原則：

❶ 核心部位：原生 ETF

先挑選追蹤誤差較小、成交量較大的原生 ETF，作為核心部位；如果趨勢看好，可以長期持有，追求穩健的投資報酬績效。要提醒讀者的是，如果連結同樣的標的指數，應該要選擇成交量較大的 ETF，這樣不僅方便進出，投資報酬率通常也會比較好。

投資 ETF，應挑選成交量比較大的

加到投資組合 【取消全部選擇】

選擇	股票代號	時間	成交	買進	賣出	漲跌	張數	昨收	開盤	最高	最低
☐	0050 元大台灣50	11:56	80.60	80.50	80.60	▽0.15	3,409	80.75	81.10	81.15	80.20
☐	0050N 元大台灣50估	11:56	80.38	–	–	▽0.36	–	80.74	80.74	81.22	80.16
☐	0051 元大中型100	11:48	32.12	32.06	32.20	▽0.66	146	32.78	32.65	32.72	32.05
☐	0051N 元大中型100估	11:56	32.13	–	–	▽0.13	–	32.26	32.26	32.52	31.99
☐	0052 富邦科技	11:36	49.95	49.88	49.98	△0.39	111	49.56	49.75	50.00	49.70
☐	0052N 富邦科技估	11:56	49.66	–	–	△0.20	–	49.46	49.47	50.01	49.46
☐	0053 元大電子	11:05	34.91	34.88	35.00	▽0.09	6	35.00	35.17	35.17	34.91
☐	0053N 元大電子估	11:56	35.05	–	–	▽0.04	–	35.09	35.09	35.43	34.93
☐	0054 元大台商50	11:30	23.32	23.31	23.39	▽0.23	69	23.55	23.66	23.71	23.22
☐	0054N 元大台商50估	11:56	23.47	–	–	▽0.20	–	23.67	23.67	23.84	23.35
☐	0055 元大MSCI金融	11:34	17.00	16.95	17.00	▽0.10	14	17.10	17.10	17.10	17.00
☐	0055N 元大MSCI金融估	11:56	17.09	–	–	▽0.11	–	17.20	17.20	17.20	17.04
☐	0056 元大高股息	11:56	25.18	25.16	25.18	▽0.13	5,237	25.31	25.47	25.51	25.11
☐	0056N 元大高股息估	11:56	25.08	–	–	▽0.09	–	25.17	25.17	25.29	25.00
☐	0057 富邦摩台	11:30	48.70	48.52	48.69	▽0.02	5	48.72	48.89	48.89	48.51
☐	0057N 富邦摩台估	11:56	49.32	–	–	▽0.16	–	49.48	49.50	49.77	49.17
☐	0058 富邦發達	11:04	46.93	46.83	47.00	▽0.36	6	47.29	47.11	47.11	46.93
☐	0058N 富邦發達估	11:56	47.67	–	–	▽0.51	–	48.18	48.23	48.43	47.51
☐	0059 富邦金融	11:16	41.54	41.38	41.42	▽0.26	5	41.80	41.73	41.80	41.54
☐	0059N 富邦金融估	11:56	42.03	–	–	▽0.29	–	42.32	42.33	42.33	41.92
☐	0061 元大寶滬深	11:55	16.21	16.20	16.22	△0.02	1,737	16.19	16.25	16.30	16.04
☐	0061N 元大寶滬深估	11:56	16.05	–	–	▽0.13	–	16.18	16.15	16.18	16.02
☐	006203 元大MSCI台灣	11:08	37.09	37.04	37.13	▽0.20	4	37.29	37.15	37.24	37.09
☐	006204 永豐臺灣加權	11:04	53.30	53.15	53.30	▽0.25	1	53.55	53.30	53.30	53.30
☐	006205 富邦上証	11:55	27.39	27.38	27.39	▽0.09	4,192	27.48	27.57	27.65	27.13
☐	006206 元大上證50	11:54	27.30	27.25	27.31	△0.11	652	27.19	27.37	27.45	27.01
☐	006207 FH滬深	11:42	20.62	20.61	20.62	▽0.08	410	20.70	20.70	20.80	20.42
☐	006208 富邦台50	11:56	47.20	47.10	47.24	▽0.18	90	47.38	49.79	49.79	47.09

資料來源：Yahoo！奇摩股市

❷ 衛星部位：槓桿或反向 ETF

由於產業或大盤會有景氣循環，因此，指數也會受到總體經濟面的影響而起起落落（關於 ETF 與總體經濟的關係，可以參看本書「第 2 天第 1 小時」的說明），這時，積極型的投資朋友可以搭配槓桿及反向 ETF，進行波段操作。

在短期市場或某個產業的趨勢明確時積極操作，通常會有較高的報酬率。例如在預期市場或某個產業進入旺季、即將發動攻勢上漲時，可用部分的閒置資金買進槓桿型的 ETF，賺取短期的波段利潤。當對市場看法偏空，或者產業即將進入淡季時，就可以利用反向 ETF 來規避不確定的風險。如此一來，投資朋友可以將部分的資金，投入某些衛星基金 ETF（這是指某些產業型的基金。關於核心基金以及衛星基金的選擇以及向日葵操作策略，可以參考《3 天搞懂基金買賣最新增訂版》一書）ETF，以靈活調整多空部位，進一步提升資金的使用效率；運用原生、槓桿、反向 ETF 的多元混搭操作策略，以長線保護短線，既可以提高獲利率，還可以滿足對投資操作的需求。

❸ 複製指數的方式

在選擇槓桿或反向型 ETF 時，投資朋友還可以到臺灣證券交易所的網站（路徑是：首頁 > 產品與服務 > 上市證券種類 > ETF > 槓桿型及反向型 ETF），瞭解這些槓桿以及反向 ETF 的追蹤方式為何，以進一步判斷未來追蹤誤差的大小。

投資 ETF 應有的風險意識

Ｑ 有人說 ETF 的投資組合已經很分散了，所以可以傻傻地買、傻傻地存。這種操作策略需要調整嗎？

Ａ 由於 ETF 兼具基金和股票的某些特色，例如投資組合內容多樣、透明；可以貼近大盤或產業指數的走勢；手續費

元大台灣50單日正向2倍證券投資信託基金

商品規格	
名稱	元大ETF傘型證券投資信託基金之台灣50單日正向2倍證券投資信託基金
ETF簡稱	元大台灣50正2
證券代號	00631L
ETF類別	槓桿型ETF
上市日期	2014.10.31
基金經理公司	元大證券投資信託股份有限公司
標的指數	臺灣50指數
追蹤方式	合成複製法
交易單位	1,000個受益權單位
交易價格	每受益權單位為準
升降單位	每受益權單位市價未滿50元者為1分；50元以上為5分
升降幅度	20%

富邦臺灣加權單日正向兩倍證券投資信託基金

商品規格	
名稱	富邦臺灣加權ETF傘型證券投資信託基金之富邦臺灣加權單日正向兩倍證券投資信託基金
ETF簡稱	富邦臺灣加權正2
證券代號	00675L
ETF類別	槓桿型ETF
上市日期	2016.10.5
基金經理公司	富邦證券投資信託股份有限公司
標的指數	臺指日報酬兩倍指數
追蹤方式	最佳化
交易單位	1,000個受益權單位
交易價格	每受益權單位為準
升降單位	每受益權單位市價未滿50元者為1分；50元以上為5分

群益臺灣加權指數單日反向1倍證券投資信託基金

商品規格	
名稱	群益臺灣加權指數ETF傘型證券投資信託基金之群益臺灣加權指數單日反向1倍證券投資信託基金
ETF簡稱	群益臺灣加權反1
證券代號	00686R
ETF類別	反向型ETF
上市日期	2017.3.30
基金經理公司	群益證券投資信託股份有限公司
標的指數	臺指反向一倍指數
追蹤方式	合成複製法
交易單位	1,000受益權單位
交易價格	每受益權單位為準
升降單位	每受益權單位市價未滿50元者為0.01元；50元以上為0.05元
升降幅度	10%

資料來源：臺灣證券交易所

較為便宜；可以多空操作；可以在盤中即時交易等。雖然優點很多，但是不代表投資 ETF 可以忽略風險，只要傻傻地買、傻傻地放，就可以傻傻地賺錢了。除了我們前面提到的風險之外，其實，ETF 跟其他的金融商品及投資工具一樣，也會有許多潛藏的風險（請參考《3 天搞懂理財迷思》一書）。我們先把這些風險揭露清楚，投資朋友在明白這些相關的風險之後，將來在架構自己的投資組合時，將更有效率。

☆ 槓桿倍數的風險

大多數的槓桿或反向型 ETF 的操作或追蹤方式，都是直接以基金內的投資部位拿去抵押借貸，或者是使用衍生性金融商品或者投資工具，達到複製、追蹤指數的目標。在市場情況較差的時候，這種利用借貸或操作衍生性工具交易的投資部位，很有可能會有放大損失的情形發生，當然也會導致該檔 ETF 的淨值大幅滑落；表現在市價上，自然也會不符預期。

☆ 價格波動的風險

由於資產管理公司在操作管理槓桿或反向型 ETF 時，需要運用到槓桿工具，或者需要每日調整投資組合，因此槓桿或反向型 ETF 的價格會比原型 ETF 的價格波動程度來得更大。投資朋友當然得要注意這種現象。

☆ 交易對手風險

由於資產管理公司在操作管理槓桿或反向型 ETF 時，需要使用到衍生性金融商品，如果操作的衍生性金融商品本身不容易客觀評價，或者評價機制多而且不透明，不但會有如上面所說的價格波動的風險，甚至於還會面臨交易對手違約的風險，造成更大的損失；一旦遇到交易對手違約，勢必會讓這些槓桿或反向 ETF 的投資價值大幅減損，投資朋友不可不慎。

☆ 透明度風險

傳統或原型 ETF 的一個特色，就是只要去找到它所追蹤或複製的相關指數，那麼它的成分股就可以一目瞭然；但因為槓桿或反向 ETF 使用衍生性工具來追蹤指數，如果其投資部位包含了店頭議價型的金融商品，而非集中市場交易的金融商品，那麼該檔 ETF 很有可能將變得不透明，也因此它的績效表現就會失去和它所欲追蹤的指數亦步亦趨的特性了。

☆ 長期持有的風險

既然槓桿或反向型 ETF 有以上敘述的種種風險，那麼也就不建議長期持有這些 ETF。

以臺灣加權指數單日正向二倍或反向一倍的 ETF 來說，長期持有並沒有股利可以領，這是跟元大臺灣卓越 50（股票代號 0050）、元大臺灣高股息 ETF（股票代號 0056）等原型 ETF 最大不同的地方。如果我們投資 0050 或 0056 是買在相對高點，因而短期遭到套牢時，還有股利可以期待，靠著領取股利來降低持有的成本，長期持有，等到下次景氣循環時，不僅可以解套，還大有機會賺到錢；但是持有槓桿或反向型 ETF，並無法靠著領取股利來攤低成本、反敗為勝，而且還會有前面所提到的，因為追蹤方式造成淨值減損的問題。因此，槓桿或反向型 ETF，比較適合短期操作的投資人，不建議長期持有。

> **重點** 反向型或槓桿型 ETF 追蹤的往往是期貨，不一定可以直接反應現貨（股市）漲跌。另外，ETF 每日結算的複利效果，只有在趨勢一路上漲時，投資者才能賺錢。指數一旦發生震盪，前面累積的漲幅就很容易被跌幅吃掉。

重點 槓桿型 ETF 適合極短線的操作。投資朋友一旦看到市場反轉，就要趕快將持有的商品賣出，否則很容易從賺錢變成虧錢。

　　槓桿或反向型 ETF 的主要優點就是簡單易行，當你極度看好或看壞大盤的走勢時，可以選擇正二或反一的 ETF，賺取超乎一倍的利潤，而且操作這些 ETF 又比期貨跟選擇權來得簡單、安全，除了沒有到期結算的壓力，也不必擔心行情起伏太大被追繳保證金或是有斷頭的風險。

　　但是仍要請讀者朋友注意的是，相較於原型 ETF，槓桿或反向型 ETF 其實是雙面刃，看對方向，雖然可以有較高報酬率的預期，但是一旦看錯方向，不僅會產生較高的虧損，甚至於很難藉由長期持有而降低持股成本、攤平解套。因此，建議用較小部位的資金來操作槓桿或反向型 ETF；如果打算長期投資，或是要投入大部分資金的話，應該還是以投資原型 ETF（例如 0050 或 0056）為主，這樣會比較安全。

別人淘寶你淘金，國際常見 ETF 介紹

2008 年金融海嘯發生之後，原本對於金融市場日趨謹慎的投資朋友，隨著景氣翻揚、全球經濟明顯復甦，也使得投資信心逐步恢復。而最近幾年來，由於資金快速輪動、全球各地的金融市場也慢慢步向榮景！小資男女除了投資熟悉的臺股之外，錢進國際，也是累積財富的另外一個途徑。透過投資 ETF，不僅可以很輕易地讓自己的資產配置國際化，耐心謹慎的持有優質 ETF，還可以提早達到財富自由！

· ETF 淘金術輕鬆學起來

· 布局全球 ETF，各國股市輪動榮景不漏接

· 全球 ETF 包羅萬象，應有盡有——跨界跨市場，ETF 的全球資產配置藍圖

ETF 淘金術：跨界跨市場，ETF 全球資產配置藍圖

Q 全球景氣開始翻揚向上，有沒有什麼簡單、易懂、易行的方法，可以讓小資男女也繞著地球賺呢？

A 地球村成形之後，投資工具日趨多樣化，讓投資朋友的選擇性變多了。但是，多樣化投資工具產生的同時，也因為加入了更多財務工程的專業知識，因此而提高金融商品的複雜

程度，使得忙碌的投資朋友望而生畏！就算羨慕資金可以國際化，也打算找尋可以繞著地球賺的方法，卻總是感到挫折。

　　的確，以外幣計價的商品琳瑯滿目，對於初學者或是目前沒有太多時間研究金融商品的上班族來說，可能會有無從下手之感。如果有投資朋友以為，投資外幣商品和國內投資股票一樣，於是就以投資國外股票為起手式，然而若以美股來說，不僅投資標的是臺股的數倍，光是挑股票，就會讓你眼花撩亂了，更何況剛開始也需要花一段時間先適應不同的交易制度。最重要的是，還必須學會瞭解並判斷美股大盤局勢，以及關心標的個股的基本面等，光是這麼多的資訊需要消化吸收，可能就會嚇跑有意於以外幣為資產配置的投資人了。（欲瞭解更多資訊，讀者可以參看《3 天搞懂美股買賣》與《3 天搞懂外幣投資最新增訂版》二本書。）

　　但是，現在有一種很夯的跨境金融商品，它已經成為許多投資人的新寵，不僅初期不必花費太多時間去研究個股的財務報表或者去學習判斷技術指標，就可以讓你捧著外幣繞著地球賺；甚至於只要區區數千元新臺幣，就可以開始啟動征服全世界的新投資模式，這種商品，就是「指數股票型基金」ETF。只要抓得住某個國家或是某個地區的大盤、某種產業的趨勢，也能夠讓你賺遍全世界！

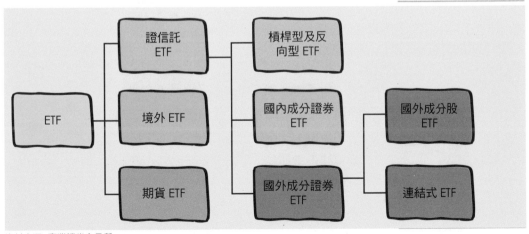

資料來源：臺灣證券交易所

全球 ETF 包羅萬象，應有盡有

Q 全球金融市場上的商品眾多，ETF 也有分門別類可以參考嗎？

A 近年來由於 ETF 的績效普遍優於主動型基金，再加上金融界也努力地推廣這類被動型基金，因此一時之間 ETF 成為全球投資人眼中炙手可熱的商品。在金融業界的推波助瀾之下，ETF 的發展真有如雨後春筍般，不只數量大增，而且種類繁多；除了成為散戶資產配置的基本款之外，全球大型基金或是大型退休金的操盤人，也熱衷買進 ETF，讓績效不至於落後同儕！截至 2017 年底，已經發行的 ETF 將近 7000 檔，全球 ETF 的規模將近 4 兆美元！這些令人咋舌的數字在在說明，ETF 已經成為全球投資人矚目的焦點！

目前在市場上流通的 ETF 檔數很多，種類也相當繁雜，如果沒有簡單分類說明的話，可能也會讓投資朋友理不出頭緒，不知道要從何買起。而常見的分類方式之一，是以投資標的市場來區分，大致上可以分成股票型、債券型、匯率型、原物料型四大類。

以「投資標的市場」區分的 ETF

股票型 ETF	債券型 ETF	匯率型 ETF	原物料型 ETF
在股票市場投入資金	投資各種債券，例如公債、公司債	投資與匯率或相關指數連結之金融商品	在商品原物料市場投入資金

所謂股票型 ETF，顧名思義，主要是將資金投資在股票市場；而債券 ETF 則是投資於市場上的各種債券（包括公債、公司債等）；至於匯率型 ETF，則主要是將資金投入跟匯率或相關指數連結的金融商品；最後的原物料 ETF，則將重點放在商品原物料市場。

如果再加以細分，還可以分成：追蹤大盤指數的 ETF、

追蹤行業／產業指數的 ETF、追蹤各個國家股市的 ETF、追蹤債券市場的 ETF，以及追蹤黃金價格的 ETF 等類型。甚至還有讓你獲利更快（當然虧損幅度也是很大的），屬於高槓操作的 ETF，例如雙倍看多或看空的 ETF、三倍或多倍看多或看空的 ETF 等（請參看本書「第 1 天第 2 小時」單元），族繁不及備載，選擇相當多元。

Q 全球 ETF 如此多樣化，在進行資產配置時，有沒有哪些地方是需要關注的？

A 既然全球 ETF 的選擇這麼多元，為了避免產生眼花撩亂、無從選擇的困擾，我們在介紹這些國際 ETF 時，先把範圍縮小，將焦點放在數量最多的股票型 ETF，讓讀者可以先清楚這些股票型 ETF 的特色。

就股票型 ETF 來說，在國際上還可以就「投資區域」和「產業類別」兩大區塊分析。而在「投資區域」這部分，還可再細分成「全球型」、「區域型」、「單一國家型」三大類。瞭解這些不同類別的特色，有助於我們進一步的做好資金的布局。

首先，「全球型」是包括全球各區域或是跨區域的 ETF，涵蓋面相最廣；至於「區域型」則是針對各單一洲或是某些經濟體（例如歐元區、東協十國、大中華區等）來作區分。在「區域型」這部分常見的 ETF 包括：北美、拉丁美洲、歐洲、新興歐洲、紐澳、亞洲、中東地區等 ETF，等於是將全球解構成幾個區塊，讓投資朋友可以隨個人的喜好，將資金分得更細。

至於「單一國家型」，則是針對某些國家，設計出跟這些國家未來經濟前景有關連性的 ETF，例如美國、加拿大、巴西、俄羅斯、中國大陸、印度、泰國、印尼、越南等各個國家。若想投資這類「單一國家型」的 ETF，會建議需要長期關注這些國家的政經情況；特別是某些新興國家（例如印

度、泰國、印尼、越南等），會因為執政團隊的改朝換代而對經濟政策產生較長遠的影響；至於政治與經濟的變化，自然會反應在連結該國家的 ETF 績效表現上，甚至於會有較高的波動性。

若以「產業類別」區分，還可以分成金融、科技、醫療、消費、能源、水資源、公用事業、房地產、電訊、營建、航運等各種產業 ETF。當某一種產業的發展趨勢看旺，投資這類型的 ETF 最能獲取長線的波段利益。

全球 ETF 商品發展最興盛的地區首推美國，不但種類最多，安全性也較佳；其次是歐洲。主要原因在於，歐美地區的資產管理公司在篩選成分股、架構產業型 ETF 的條件，相對較為嚴謹，因此較能考量到成分股的發展前景。而產業型 ETF 的計價幣別，也以美元居多，其次則是以歐元計價；這也反映出產業型 ETF 主要是由歐美地區的資產管理公司所主導。

產業型 ETF 很適合具有國際觀的投資人將其列為全球資產配置的主軸。不過還是要提醒讀者注意，這類型的 ETF 有時會受到某些國家政策的改弦易轍（例如 2017 年德國能源政策的轉型）或是國際之間貿易談判的風向（例如 2018 年中美

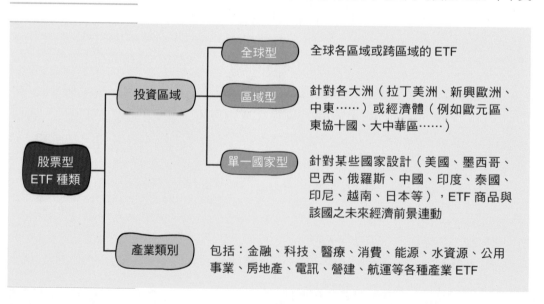

股票型 ETF 種類

投資區域
- 全球型：全球各區域或跨區域的 ETF
- 區域型：針對各大洲（拉丁美洲、新興歐洲、中東⋯⋯）或經濟體（例如歐元區、東協十國、大中華區⋯⋯）
- 單一國家型：針對某些國家設計（美國、墨西哥、巴西、俄羅斯、中國、印度、泰國、印尼、越南、日本等），ETF 商品與該國之未來經濟前景連動

產業類別：包括：金融、科技、醫療、消費、能源、水資源、公用事業、房地產、電訊、營建、航運等各種產業 ETF

貿易談判所引發的關稅壁壘），進而影響部分產業的走勢，使得短期的波動加大，這是投資產業型 ETF 需要注意的地方。

Ⓠ 除了股票型 ETF 之外，還有哪些種類的 ETF 是國內較少見的？

Ⓐ 股票型 ETF 是檔數相對較多的一個族群。除此之外，還有以下幾種類型的 ETF 也值得參考學習，並且納入你的資產配置當中，提高報酬率：

❶ 債券型 ETF

顧名思義，就是將資金投資於各類債券，包括公債（國債）、金融債、公司債等。

　　一般投資人較少涉獵債券市場，主要原因除了投資債券通常需要較高的資金水位之外（有時候一單位甚至於要上千萬新臺幣），再者就是債息是由發行商固定撥付、收益率也遠不如股票或基金等，因此對於投資人來說，比較不具吸引力。不過也正由於其固定收益的特性，能夠給予債券投資人穩定的現金流；因此，若是資產配置之中希望有較為穩定的現金流，當作某些計畫方案的現金來源時（例如退休金規劃），債券 ETF 將是一項很好的選擇。這主要是因為債券 ETF 的運作方式，就是 ETF 發行者集合眾人的小錢，變成一筆大錢之後，再向債券的發行機構進行詢價交易，建構債券的投資組合，將特定債券市場指數的報酬（每檔債券 ETF 都有其追蹤的債券市場指數）讓參與的投資人共同分享，而且還可以分散風險。

　　所以，債券 ETF 是一項可以讓投資朋友以便利、較低風險且較低交易成本的方式來參與債券市場運作的金融商品。投資朋友不必一檔一檔地查看信用評等，只要挑選想要追蹤的債券指數，就可以找到相對應的 ETF，進而參與該債券市場之表現了。

股票型 ETF 與債券型 ETF 的比較

股票型 ETF	債券型 ETF
追求長期資金成長，在股票上漲時獲利	透過配息獲利，追求穩定的定期分配收益
風險較高，獲利也較高	風險較低，但獲利也較低

股票型 ETF 與債券型 ETF 的比較

	債券 ETF	主動型債券基金	個別債券
投資成本	中	高	低
資金效率	高	中	低
產品流動性	高	中	低
產品透明度	高	低	高
產品選擇性	高	高	低

資料來源：元大投信

　　目前在國際市場當中，以投資等級來區分，可以畫分成公債（國債）ETF、投資級公司債 ETF 和高收益債 ETF 等。如果以投資標的來區分，還可以分成新興市場債 ETF、資產抵押債 ETF、可轉債 ETF、通膨指數債券 ETF 等。

債券型 ETF 的種類

以「投資等級」區分	政府公債 ETF
	投資級公司債 ETF
	高收益債 ETF
以「投資標的」區分	新興市場債 ETF
	資產抵押債 ETF
	可轉債 ETF
	通膨指數債券 ETF

至於在國內，可供投資的債券型 ETF 較少，2018 年中已經有一檔以投資人民幣短期債券為主的 ETF 掛牌上市，提供臺灣投資人參與大陸債市以及人民幣上漲行情的機會。這檔 ETF 是追蹤富時中國國債及政策性銀行債券 0-1 年精選指數；如果投資朋友認為已經躍居全球規模第三大的中國大陸債券市場（僅次於美國與日本）的未來前景可期，就可以觀察注意相關的 ETF。

由於國際之間關於債券型 ETF 的品項相當繁多，投資朋友可以在參照這些 ETF 的公開說明書之後，再來決定要分配多少資金在這類型的 ETF 上。

❷ 匯率型 ETF

這類型的 ETF 主要是連結匯率或相關的指數。各國匯率的變化，向來跟該國的經濟強弱息息相關，也和該國相對於其他國家的經濟表現互有關連。如果投資朋友對於某一個國家的貨幣未來走勢有所心得的話，就可以選擇匯率型 ETF 來投資。而預測匯率的走勢變化，又可以因為其是連結「單一貨幣」或者「一籃子貨幣」，而有不同特色的匯率型 ETF。簡單歸納說明如下：

⭐ 連結「單一貨幣」型的 ETF

常見連結的貨幣包括美元、英鎊、歐元、日圓、紐幣、人民幣等，是市場上能見度較高的 ETF。另外，例如印度、俄羅斯、巴西、南非等新興市場貨幣，也有相關的貨幣型 ETF 可供選擇。

⭐ 連結「一籃子貨幣」型的 ETF

相較於前者只是連結單一貨幣，「一籃子貨幣」顧名思義當然包含數個國家的貨幣，而這數個貨幣該如何組合呢？通常是來自某個體裁或是某個概念，例如七大／十大工業國貨幣

指數 ETF 等。而因為「一籃子貨幣」型的 ETF 包含的貨幣種類較多，風險自然會比「單一貨幣」型 ETF 的風險來得低了。

匯率型 ETF	
以「連結單一貨幣」區分	包括美元、英鎊、歐元、日圓、紐幣、人民幣等
以「連結一籃子貨幣」區分	包括數個國家的貨幣

❸ 商品型 ETF

這類型的 ETF 主要是將資金投資於商品原物料市場；而商品原物料市場也是包羅萬象，只要你想像得到的商品原物料，應該都有相對應的 ETF 可以投資。我們現在先扼要地介紹各種商品原物料 ETF 的特色，愈是充分明白各種 ETF 的報酬率與風險程度，愈能夠增添勝算。

☆ 商品 ETF：
主要包括原油、貴金屬、基本金屬、農產品等原物料類股的 ETF。

☆ 能源 ETF：
包括石油、天然氣、太陽能等有關於能源類股的 ETF。能源 ETF 的走勢大致會和石油價格的起伏相當，但是能源類股的 ETF 畢竟還是和公司股價走勢有關，牽涉到能源公司的經營風險等因素，自然會比油價走勢的變化更為複雜。

☆ 貴金屬 ETF：
包括黃金、白銀和鈀金等被分類成貴金屬類股的 ETF。其中的黃金 ETF 的架構，基本上是追蹤黃金的價格走勢變化；值得注意的是，黃金本身就是一種波動性很高的資產，因此

黃金 ETF 的波動性自是不低。

☆ 工業金屬 ETF：
除了上述的貴金屬，一般工業金屬例如基本金屬、銅、鎳等類股，也可以架構成 ETF。

☆ 農產品 ETF：
例如綜合農產品、牲畜商品等。

商品型 ETF

商品 ETF	原油、貴金屬、基本金屬、農產品等原物料類股的 ETF
能源 ETF	石油、天然氣、太陽能等有關於能源類股的 ETF
貴金屬 ETF	黃金、白銀、鈀金等被分類成貴金屬類股的 ETF
工業金屬 ETF	基本金屬、銅、鎳等類股的 ETF
農產品 ETF	綜合農產品、牲畜商品等類股的 ETF

當你對這些商品的未來走勢有所心得時，就可以投資相關的 ETF。

❹ 新科技 ETF
有別於以往的科技類股，多半是指資通訊相關的電子產業；現在的新科技，隨著人工智慧（AI）、大數據資料的運算以及物聯網功能的發展愈趨強大，例如機器人、自駕車、無人商店等的問世，已經讓很多原本只是在科幻小說才看得到的情節陸續成真！而如果你也看好這一類型的產業，市場上也有相關的 ETF 可供選擇。投資朋友甚至不必捨近求遠：2018 年的下半年，臺灣證券交易所已經有幾檔標榜和 AI 有

關的新科技 ETF 問世。至於在國外，可以參考追蹤那斯達克 CTA 全球人工智慧及機器人指數（NQROBO）的 ETF。

目前臺灣市場上的新科技 ETF（截至 2018/6/30）

ETF 名稱	追蹤指數	投資標的
富邦科技（0052）	臺股資訊科技指數	臺股
元大電子（0053）	電子類加權股價指數	臺股
富邦 NASDAQ（00662）	Nasdaq-100 指數	美股
富邦 NASDAQ 正 2（00670L）	Nasdaq-100 正向 2 倍指數	美股
富邦 NASDAQ 反 1（00671L）	Nasdaq-100 反向 1 倍指數	美股
國泰納斯達克 CTA 全球人工智慧及機器人（00737）	NQROBO	全球 13 個國家、88 檔股票，主要聚焦 AI 與 Robot 相關企業
國泰臺韓科技（00735）	KRTWITPT	臺韓科技股，26 檔股票，涵蓋臺韓龍頭科技公司，主要聚焦半導體、硬體等製造供應鏈

資料來源：臺灣證券交易所

布局全球 ETF，各國股市輪動榮景不漏接

Q 在臺灣要如何投資這些 ETF，作好全球的資產配置呢？

A 在臺灣的投資朋友，可以透過複委託或者直接跟外國券商開戶的方式，將資金布局海外，投資 ETF。

由於國際間的資金流通週轉日漸快速，加上金融商品日趨多樣化，在國人透過網際網路取得國際金融商品相關資訊幾乎毫無障礙的情況之下，我國金管會已於 2017 年 4 月宣布，開放一般投資人可以委託國內券商下單（複委託的型式），投資買賣國外槓桿、放空型，或是期貨、原物料等 ETF；相當於所有海外的 ETF 商品，都可以投資。自此而後，投資朋友的資產布局不再侷限於國內的金融商品，或者是股、債、黃金等三大類的 ETF，產品線將更為多元。

但是透過複委託投資國外的槓桿型或放空型 ETF，因為風險較高，須注意可能會有的限制條件（例如需具備以下四項資格條件中的一項：①已經在國內開立信用交易帳戶者、②最近一年買賣國內外認購權證達 10 筆以上、③最近一年買賣期貨交易契約超過 10 筆、④曾經交易國內槓桿或放空型 ETF 紀錄者）。

如果你沒有海外投資帳戶，或者也還沒有開立複委託帳戶，臺灣證券交易所現在也有非常國際化的 ETF 可供選擇。比方說，你對於美國、歐洲、日本、韓國甚至於印度的股市有興趣，而且也有觀察心得，在臺灣證券交易所就可以用數萬元買進追蹤當地指數的 ETF。例如國泰美國道瓊（代號 00668）、元大歐洲 50（代號 00660）、富邦日本（代號 00645）、富邦印度正 2（代號 00653L）等。

雖然透過 ETF 投資各國股市相對簡單，但還是要提醒投資朋友，挑選 ETF 時，要儘量選擇自己熟悉的市場以及各國具代表性的指數去操作，勝算才會高。

以下列出部分截至 2020 年 9 月為止在臺灣可以交易買賣的國際化 ETF。除了大家熟知的追蹤股票指數之外，也有貨幣型、期貨型、槓桿型、反向型以及債券型等不同商品種類的 ETF 上市，可以選擇的標的已經更加多元了。

境外指數股票型基金

證券代號	ETF 簡稱	標的指數
008201	標智上證 50	上證 50 指數

境外指數債券型基金

證券代號	ETF 簡稱	標的指數
00732	國泰 RMB 短期報酬 ETF	富時中國國債及政策性銀行債券 0-1 年精選指數

資料來源：臺灣證券交易所、日盛證券

國外成分股連結式 ETF

證券代號	ETF 簡稱	標的指數
0061	元大寶滬深	滬深 300 指數

資料來源：臺灣證券交易所、日盛證券

國外成分股 ETF

證券代號	ETF 簡稱	標的指數
006205（新臺幣）/ 00625K（人民幣）	富邦上証（新臺幣）/ 富邦上証 +R（人民幣）	上証 180 指數
006206	元大上證 50	上證 50 指數
006207	FH 滬深	滬深 300 指數
00636/00636K	國泰中國 A50 ／ +U（美元）	富時中國 A50 指數
00639	富邦深 100	深証 100 指數
00645	富邦日本	東証指數
00643（新臺幣）/ 00643K（人民幣）	群益深証中小（新臺幣）/ 群益深証中小 +R（人民幣）	深証中小板指數
00646	元大 S&P500	S&P500 指數
00652	富邦印度	NIFTY 指數
00657/00657K	國泰日經 225 ／ +U（美元）	日經 225 指數
00660	元大歐洲 50	歐洲 STOXX50 指數（EURO STOXX 50® PR in EUR）
00661	元大日經 225	日經 225 指數（Nikkei Stock Average）
00662	FB NASDAQ	Nasdaq-100 指數
00668/00668K	國泰美國道瓊／ +U（美元）	道瓊斯工業平均指數

資料來源：臺灣證券交易所、日盛證券

槓桿及反向型 ETF

證券代號	ETF 簡稱	標的指數
00631L	元大臺灣 50 正 2	槓桿型 ETF
00632R	元大臺灣 50 反 1	臺灣 50 指數
00633L	富邦上証正 2	上証 180 兩倍槓桿指數
00634R	富邦上証反 1	上証 180 反向指數
00637L	元大滬深 300 正 2	滬深 300 日報酬正向兩倍指數
00638R	元大滬深 300 反 1	滬深 300 日報酬反向一倍指數
00640L	富邦日本正 2	東証正向 2 倍指數
00641R	富邦日本反 1	東証反向 1 倍指數
00647L	元大 S&P500 正 2	標普 500 2 倍槓桿指數
00648R	元大 S&P500 反 1	標普 500 反向指數
00650L	FH 香港正 2	恒指槓桿指數
00651R	FH 香港反 1	恒指短倉指數
00655L	國泰中國 A50 正 2	富時中國 A50 指數
00656R	國泰中國 A50 反 1	富時中國 A50 指數
00653L	富邦印度正 2	NIFTY 正向 2 倍指數
00654R	富邦印度反 1	NIFTY 反向 1 倍指數
00663L	國泰臺灣加權正 2	臺灣日報酬兩倍指數
00664R	國泰臺灣加權反 1	臺指反向 1 倍指數
00665L	富邦 H 股正 2	恆生國企槓桿指數
00666R	富邦 H 股反 1	恆生國企槓桿指數
00675L	富邦臺灣加權正 2	臺指日報酬兩倍指數
00676R	富邦臺灣加權反 1	臺指反向一倍指數

資料來源：臺灣證券交易所、日盛證券

期貨 ETF

00635U	元大 S&P 黃金	標普高盛黃金 ER 指數
00642U	元大 S&P 石油	標普高盛原油 ER 指數
00677U	富邦 VIX	標普 500 波動率短期期貨 ER 指數

資料來源：臺灣證券交易所、日盛證券

槓桿型及反向型期貨 ETF

證券代號	ETF 簡稱	標的指數
00672L	元大 S&P 原油正 2	標普高盛原油日報酬正向兩倍 ER 指數
00673R	元大 S&P 原油反 1	標普高盛原油日報酬反向一倍 ER 指數
00674R	元大 S&P 黃金反 1	標普高盛黃金日報酬反向一倍 ER 指數

資料來源：臺灣證券交易所、日盛證券

Q 國際間又有哪些 ETF，可以提供投資人參考的呢？

A 臺灣的投資朋友如果擁有海外的證券交易帳戶，可以投資布局的 ETF 將更為廣泛多樣。以下，我們就列出國際間交易量較大的 ETF 代碼，讓你可以藉由 ETF，繞著地球賺飽飽！

電信類

代碼	名稱
IXP	安碩史坦普全球電信指數基金 SPDR FINANCIAL SECTR ETF
IYZ	安碩道瓊美國電訊指數基金 SPDR FINANCIAL SECTR ETF
IGN	安碩高盛網路指數基金 SPDR FINANCIAL SECTR ETF
VOX	先鋒電訊指數基金 SPDR FINANCIAL SECTR ETF

資料來源：鉅亨網

金融服務類

代碼	名稱
KRE	道富 KBW 地區銀行指數基金 SPDR KBW REGIONAL BNKNG
KBE	道富 KBW 銀行 ETF 指數基金 SPDR KBW BANK IDX FD ETF
KCE	道富 KBW 銀行 ETF 指數基金 SPDR KBW BANK IDX FD ETF
KIE	富道 KBW 保險指數基金 SPDR FINANCIAL SECTR ETF
VFH	先鋒金融指數基金 SPDR FINANCIAL SECTR ETF
XLF	道富 KBW 地區銀行指數基金 SPDR KBW REGIONAL BNKNG
IYG	道富 KBW 銀行 ETF 指數基金 SPDR KBW BANK IDX FD ETF
PSP	道富 KBW 銀行 ETF 指數基金 SPDR KBW BANK IDX FD ETF
RKH	富道 KBW 保險指數基金 SPDR FINANCIAL SECTR ETF
IAT	先鋒金融指數基金 SPDR FINANCIAL SECTR ETF
IXG	道富 KBW 地區銀行指數基金 SPDR KBW REGIONAL BNKNG
UYG	道富 KBW 銀行 ETF 指數基金 SPDR KBW BANK IDX FD ETF
IYF	道富 KBW 銀行 ETF 指數基金 SPDR KBW BANK IDX FD ETF
FAS	富道 KBW 保險指數基金 SPDR FINANCIAL SECTR ETF
FAZ	道富 KBW 地區銀行指數基金 SPDR KBW REGIONAL BNKNG

資料來源：鉅亨網

公用事業類

代碼	名稱
XLU	道富 SPDR 公用事業指數基金 SPDR UTILITIES SECTR ETF
IDU	安碩道瓊美國公共事業指數基金 SPDR FINANCIAL SECTR ETF
JXI	安碩史坦普全球公用事業指數 ETF SPDR FINANCIAL SECTR ETF
VPU	先鋒公共事業指數基金 SPDR FINANCIAL SECTR ETF

資料來源：鉅亨網

全球類

代碼	名稱
IOO	安碩史坦普全球 100 指數基金 SPDR FINANCIAL SECTR ETF
VT	先鋒全球股票 ETF SPDR FINANCIAL SECTR ETF

資料來源：鉅亨網

國際類

代碼	名稱
EWC	安碩 MSCI 加拿大指數基金 SPDR FINANCIAL SECTR ETF
FRN	Claymore/BNY Mellon Frontier Markets ETF SPDR FINANCIAL SECTR ETF
GWL	Great West Life and Annuity Insurance SPDR FINANCIAL SECTR ETF
IDV	安碩道瓊 EPAC 股利挑選指數 ETF SPDR FINANCIAL SECTR ETF
VEU	Vanguard FTSE 世界扣除美國 ETF SPDR FINANCIAL SECTR ETF
DPK	Direxion 每日 3 倍看空已開發市場 ETF SPDR FINANCIAL SECTR ETF
EFA	安碩 MSCI 歐美亞指數基金 ISHARES MSCI EAFE IDXETF

資料來源：鉅亨網

S&P500 指數標的類

代碼	名稱
SPY	史坦普 500 指數基金 / 蜘蛛 SPDR TRUST SR 1 ETF
IVV	安碩史坦普 500 指數基金 ISHARES TR S&P500 IDXETF

資料來源：鉅亨網

醫療生技類

代碼	名稱
XLV	道富 SPDR 健康護理指數基金 SPDR SELECT SEC HLTH ETF
FBT	美國證交所生化科技股指數基金 SPDR FINANCIAL SECTR ETF
IBB	安碩納斯達克生技指數基金 SPDR FINANCIAL SECTR ETF
IHE	安碩道瓊美國製藥指數基金 SPDR FINANCIAL SECTR ETF
IHF	安碩道瓊美國醫療供應者指數基金 SPDR FINANCIAL SECTR ETF
IHI	安碩道瓊美國醫療設備指數基金 SPDR FINANCIAL SECTR ETF
IXJ	安碩史坦普全球醫療保健指數基金 SPDR FINANCIAL SECTR ETF
IYH	安碩道瓊美國醫療保健指數基金 SPDR FINANCIAL SECTR ETF
PBE	PowerShares 生化科技指數基金 SPDR FINANCIAL SECTR ETF
PJP	PowerShares 製藥指數基金 SPDR FINANCIAL SECTR ETF
PPH	MARKET VECTORS PHARMACEUTICAL ETF SPDR FINANCIAL SECTR ETF
VHT	先鋒醫療保健指數基金 SPDR FINANCIAL SECTR ETF
XBI	道富 SPDR 生技指數基金 SPDR FINANCIAL SECTR ETF

資料來源：鉅亨網

天然資源類

代碼	名稱
UNG	美國天然氣基金公司 US NATURAL GAS FUND ETF
USO	美國石油指數基金 UNITED STATES OIL FD LP
XME	道富 SPDR 金屬 & 採礦指數基金 SPDR S&P METALS & MINING
XOP	道富 SPDR 油氣開採 & 生產指數基金 SPDR FINANCIAL SECTR ETF
UGA	美國天然氣 ETF SPDR FINANCIAL SECTR ETF
VAW	先鋒原物料指數基金 SPDR FINANCIAL SECTR ETF
VDE	先鋒能源指數基金 SPDR FINANCIAL SECTR ETF
XES	道富 SPDR 油氣設備 & 服務指數基金 SPDR FINANCIAL SECTR ETF
USL	美國連續 12 月原油期貨 ETF SPDR FINANCIAL SECTR ETF
KOL	Market Vectors 煤礦 ETF SPDR FINANCIAL SECTR ETF
PBW	PowerShares WilderHill 乾淨能源指數基金 SPDR FINANCIAL SECTR ETF
PHO	POWERSHARES WATER RESOURCES PORTFOLIO SPDR FINANCIAL SECTR ETF
PXE	PowerShares Dyn 能源探勘 & 生產指數基金 SPDR FINANCIAL SECTR ETF
PXI	POWERSHARES DWA ENERGY MOMENTUM PORTFOLIO SPDR FINANCIAL SECTR ETF
PXJ	PowerShares Dyn 原油服務 SPDR FINANCIAL SECTR ETF
DBE	PowerShares 德銀能源 ETF SPDR FINANCIAL SECTR ETF

資料來源：鉅亨網

代碼	名稱
DBO	德銀石油指數基金 SPDR FINANCIAL SECTR ETF
ENY	加拿大能源收入指數基金 SPDR FINANCIAL SECTR ETF
FCG	ISE 天然氣指數基金 SPDR FINANCIAL SECTR ETF
FXN	第一信託能源阿爾法 ETF SPDR FINANCIAL SECTR ETF
IEO	安碩道瓊美國油氣探勘 & 生產指數基金 SPDR FINANCIAL SECTR ETF
IGE	安碩高盛天然資源指數基金 SPDR FINANCIAL SECTR ETF
IXC	安碩史坦普全球金融能源基金 SPDR FINANCIAL SECTR ETF
IYE	安碩道瓊美國能源指數基金 SPDR FINANCIAL SECTR ETF
XLE	道富 SPDR 能源指數基金 SPDR ENERGY SECTOR ETF
XLB	道富 SPDR 原物料指數基金 SECTOR SPDR TR MTRL ETF
DIG	雙倍道瓊美國石油與天然氣 ETF PROSHARES ULT OIL & GAS
UCO	PROSHARE TR ULTRA CRUDE
OIH	厚德石油探勘指數基金 OIL SERVICE HOLDRS TR
IYM	安碩道瓊美國原物料指數基金 ISHARES DJ US BSC MTRLS

資料來源：鉅亨網

科技類

代碼	名稱
XLK	道富 SPDR 高科技指數基金 SPDR TECHNOLOGY SEC ETF
XSD	道富 SPDR 半導體 SPDR FINANCIAL SECTR ETF
USD	ProShares 2 倍看多半導體 ETF SPDR FINANCIAL SECTR ETF
VGT	先鋒訊息技術指數基金 SPDR FINANCIAL SECTR ETF
FDN	道瓊網際網路股指數基金 SPDR FINANCIAL SECTR ETF
IGM	安碩高盛高科技指數基金 SPDR FINANCIAL SECTR ETF
IGV	安碩高盛軟體指數基金 SPDR FINANCIAL SECTR ETF
IXN	安碩史坦普全球科技指數基金 SPDR FINANCIAL SECTR ETF
IYW	安碩道瓊美國科技類股指數基金 SPDR FINANCIAL SECTR ETF
NLR	Market Vectors 核能 ETF SPDR FINANCIAL SECTR ETF
PSJ	PowerShares Dyn 軟體指數基金 SPDR FINANCIAL SECTR ETF
PXQ	PowerShares Dyn 網路指數基金 SPDR FINANCIAL SECTR ETF
QTEC	First Trust NASDAQ-100 科技指數基金 SPDR FINANCIAL SECTR ETF
ROM	ProShares 2 倍看多科技 ETF SPDR FINANCIAL SECTR ETF
SMH	厚德半導體指數基金 SEMICONDUCTOR HLDRS TR

資料來源：鉅亨網

不動產類

代碼	名稱
VNQ	先鋒房地產信託指數基金 VANGUARD REIT ETF
FRI	第一信託標準普爾房地產指數 ETF SPDR FINANCIAL SECTR ETF
ICF	安碩 MSCI C&S 不動產指數基金 SPDR FINANCIAL SECTR ETF
REM	安碩 FTSE NAREIT 房地產指數 ETF SPDR FINANCIAL SECTR ETF
REZ	安碩 FTSE NAREIT 住宅指數 ETF SPDR FINANCIAL SECTR ETF
RWR	道富威爾夏房地產信託指數基金 SPDR FINANCIAL SECTR ETF
URE	ProShares 2 倍作多房地產 ETF PROSHARES ULTRA REAL EST
IYR	安碩道瓊美國房地產指數基金 ISHARES DJ US RL EST ETF

資料來源：鉅亨網

大型股類

代碼	名稱
DLN	大型股股利指數基金 SPDR FINANCIAL SECTR ETF
IOO	安碩史坦普全球 100 指數基金 SPDR FINANCIAL SECTR ETF
IVE	安碩史坦普 500 BARRA 價值股指數基金 SPDR FINANCIAL SECTR ETF
IVW	安碩史坦普 500 BARRA 成長類指數基金 SPDR FINANCIAL SECTR ETF
IWB	安碩羅素 1000 指數基金 SPDR FINANCIAL SECTR ETF
MGC	先鋒巨型企業 300ETF SPDR FINANCIAL SECTR ETF
MGK	先鋒巨型企業 300 成長股 ETF SPDR FINANCIAL SECTR ETF
MGV	先鋒巨型企業 300 價值股 ETF SPDR FINANCIAL SECTR ETF
PWB	PowerShares Dyn 大型成長股指數基金 SPDR FINANCIAL SECTR ETF
PWV	PowerShares Dyn 大型價值股指數基金 SPDR FINANCIAL SECTR ETF
VTV	先鋒價值股指數基金 SPDR FINANCIAL SECTR ETF
VUG	先鋒成長股指數基金 SPDR FINANCIAL SECTR ETF
VV	先鋒大型股指數基金 SPDR FINANCIAL SECTR ETF
OEF	安碩史坦普 100 指數基金 ISHARES S&P 100 IDX ETF
IWD	安碩羅素 1000 大型價值股指數基金 ISHARES RUSSELL 1000 VAL
IWF	安碩羅素 1000 成長股指數基金 ISHARES RUSSELL 1000 GR
DIA	道瓊工業指數基金／鑽石

資料來源：鉅亨網

中型股類

代碼	名稱
IJH	安碩史坦普中型股 400 指數基金 SPDR FINANCIAL SECTR ETF
IJJ	安碩史坦普中型價值股 400 BARRA 指數基金 SPDR FINANCIAL SECTR ETF
IJK	安碩史坦普中型成長股 400 BARRA 指數基金 SPDR FINANCIAL SECTR ETF
IWP	安碩羅素中型成長股指數基金 SPDR FINANCIAL SECTR ETF
IWR	安碩羅素中型股指數基金 SPDR FINANCIAL SECTR ETF
RFG	Rydex S&P 400 純成長型指數基金 SPDR FINANCIAL SECTR ETF
VO	先鋒中型指數基金 SPDR FINANCIAL SECTR ETF
VOE	先鋒中型股價值型指數基金 SPDR FINANCIAL SECTR ETF
VOT	先鋒中型成長企業 ETF SPDR FINANCIAL SECTR ETF
VXF	先鋒延展市指數基金場 SPDR FINANCIAL SECTR ETF
MDY	史坦普中型股 400 指數基金 MIDCAP SPDR TR SR 1 ETF
IWS	安碩羅素中型價值股指數基金 ISHARES RSSLL MCAP VLETF

資料來源：鉅亨網

小型股類

代碼	名稱
IWN	安碩羅素 2000 價值股指數基金 SPDR FINANCIAL SECTR ETF
IWO	安碩羅素 2000 成長股指數基金 SPDR FINANCIAL SECTR ETF
PBW	PowerShares WilderHill 乾淨能源指數基金 SPDR FINANCIAL SECTR ETF
PRFZ	PowerShares FTSE RAFI 美國 1500 中小型股 ETF SPDR FINANCIAL SECTR ETF
PZI	PowerShares Zacks 微型股指數基金 SPDR FINANCIAL SECTR ETF
RFG	Rydex S&P 400 純成長型指數基金 SPDR FINANCIAL SECTR ETF
RWJ	RevenueShares 小型股 ETF SPDR FINANCIAL SECTR ETF
VB	先鋒小型股指數基金 SPDR FINANCIAL SECTR ETF
VBK	先鋒小型成長股指數基金 SPDR FINANCIAL SECTR ETF
VBR	先鋒小型價值股指數基金 SPDR FINANCIAL SECTR ETF
DES	DescSADeCV SPDR FINANCIAL SECTR ETF
FDM	道瓊微型指數基金 SPDR FINANCIAL SECTR ETF
IJR	安碩史坦普小型股 600 指數基金 SPDR FINANCIAL SECTR ETF
IJS	安碩史坦普小型價值股 600 BARRA 指數基金 SPDR FINANCIAL SECTR ETF
IJT	ISHARES S&P SMALL-CAP 600 GROWTH ETF SPDR FINANCIAL SECTR ETF
IWC	安碩羅素微型股指數基金 SPDR FINANCIAL SECTR ETF
IWM	安碩羅素 2000 中小型指數基金 ISHARES TR RUSSELL 2000

資料來源：鉅亨網

雜項類

代碼	名稱
XLI	道富 SPDR 工業指數基金 SPDR INDSTRL SECTOR ETF
SIVR	ETF Securities 白銀 ETF SPDR FINANCIAL SECTR ETF
UUP	德銀美元指數多頭指數基金 SPDR FINANCIAL SECTR ETF
VCR	先鋒可選擇消費品指數基金 SPDR FINANCIAL SECTR ETF
VDC	先鋒主要消費品指數基金 SPDR FINANCIAL SECTR ETF
VIS	先鋒工業指數基金 SPDR FINANCIAL SECTR ETF
VXX	iPath 史坦普 500 波動率指數短期期貨 ETN SPDR FINANCIAL SECTR ETF
VXZ	iPath 史坦普 500 波動率指數中期期貨 ETN SPDR FINANCIAL SECTR ETF
BZF	智慧樹巴西幣 ETF SPDR FINANCIAL SECTR ETF
COW	iPath 道瓊瑞銀－家禽 ETN SPDR FINANCIAL SECTR ETF
CUT	Claymore/Beacon 全球木材 ETF SPDR FINANCIAL SECTR ETF
CYB	智慧樹 Dreyfus 人民幣 ETF SPDR FINANCIAL SECTR ETF
DAG	PowerShares 2 倍看多德銀農業 ETN SPDR FINANCIAL SECTR ETF
DBA	PowerShares 德銀農業 ETF SPDR FINANCIAL SECTR ETF
DBB	PowerShares 德銀基礎金屬 ETF SPDR FINANCIAL SECTR ETF
DBV	德銀 G10 貨幣指數基金 SPDR FINANCIAL SECTR ETF
DGP	PowerShares 2 倍看多德銀黃金 ETN SPDR FINANCIAL SECTR ETF

資料來源：鉅亨網

代碼	名稱
DGZ	PowerShares 看空德銀黃金 ETN SPDR FINANCIAL SECTR ETF
DRR	Market Vectors 2 倍看空歐元 ETN SPDR FINANCIAL SECTR ETF
DTO	PowerShares 2 倍看空德銀原油 ETN SPDR FINANCIAL SECTR ETF
DYY	PowerShares 2 倍看多德銀商品指數 ETN SPDR FINANCIAL SECTR ETF
DZZ	PowerShares 2 倍看空德銀黃金 ETN SPDR FINANCIAL SECTR ETF
FXA	CurrencyShares 澳幣 ETF SPDR FINANCIAL SECTR ETF
FXB	英鎊指數基金 SPDR FINANCIAL SECTR ETF
FXC	加幣指數基金 SPDR FINANCIAL SECTR ETF
FXE	歐元指數基金 SPDR FINANCIAL SECTR ETF
FXF	瑞郎指數基金 SPDR FINANCIAL SECTR ETF
FXS	瑞典幣指數基金 SPDR FINANCIAL SECTR ETF
FXY	日圓指數基金 SPDR FINANCIAL SECTR ETF
GAZ	iPath 道瓊瑞銀－天然氣 ETN SPDR FINANCIAL SECTR ETF
GRU	Elements 美林穀物指數 ETN SPDR FINANCIAL SECTR ETF
IGF	ISHARES GLOBAL INFRASTRUCTURE ET SPDR FINANCIAL SECTR ETF
IYC	安碩道瓊美國景氣循環指數基金 SPDR FINANCIAL SECTR ETF
IYJ	安碩道瓊美國工業指數基金 SPDR FINANCIAL SECTR ETF

資料來源：鉅亨網

代碼	名稱
IYK	安碩道瓊美國民生消費指數基金 SPDR FINANCIAL SECTR ETF
IYT	安碩道瓊運輸指數基金 SPDR FINANCIAL SECTR ETF
JJA	iPath 道瓊瑞銀 - 農業 ETN SPDR FINANCIAL SECTR ETF
JJC	iPath 道瓊瑞銀銅 ETN SPDR FINANCIAL SECTR ETF
JJG	iPath 道瓊瑞銀－穀物 ETN SPDR FINANCIAL SECTR ETF
LVL	Claymore/S&P 全球股利機會指數 ETF SPDR FINANCIAL SECTR ETF
MOO	Market Vectors 農業 ETF SPDR FINANCIAL SECTR ETF
OIL	iPath 史坦普高盛原油指數 ETN SPDR FINANCIAL SECTR ETF
OLO	PowerShares 看多德銀原油 ETN SPDR FINANCIAL SECTR ETF
PBJ	PowerShares Dyn 食品指數基金 SPDR FINANCIAL SECTR ETF
PBS	PowerShares Dyn 媒體指數基金 SPDR FINANCIAL SECTR ETF
PEJ	PowerShares Dyn 休閒娛樂指數基金 SPDR FINANCIAL SECTR ETF
PXQ	PowerShares Dyn 網路指數基金 SPDR FINANCIAL SECTR ETF
XLP	道富 SPDR 消費必需品指數基金 SPDR CNSMR STPLS SEC ETF
XLY	道富 SPDR 非消費必需品指數基金 SPDR CNSMR DISCR SEC ETF
RTH	厚德零售指數基金 RETAIL HOLDRS TRUST
SLV	安碩白銀指數基金 ISHARES SILVER TRUST ETF

資料來源：鉅亨網

周遊列國，投資國際化：錢進國際的方法

ETF 包羅萬象，想要進入這個大觀園、透過 ETF 賺遍全世界，必須要有門路才行。近年來的臺股 ETF 雖然也已經跨足全世界——既跨境，也跨產業。但是若想要直接與國際接軌，投資朋友可以開立複委託交易帳戶，或者是開立國外券商的網路交易戶，取得進入國際投資市場的鑰匙，那麼不管是東市的駿馬、西市的鞍韉、南市的轡頭、北市的長鞭，統統一戶搞定！

單元
重點

・周遊列國，投資國際化——錢進國際 ETF 的方法
・邁入 I 世代，自己帳戶自己上網開
・各家券商優點不同，挑選適合自己投資風格的最好

在國內券商買海外 ETF，須開複委託帳戶

Q 如果想在國內買境外的 ETF，應該怎麼做呢？

A 首先，你需要開立「複委託帳戶」。所謂的「複委託帳戶」是指臺灣投資人不直接找國外的券商開戶，而是先經過臺灣的券商，再經由美國的券商開戶之後再交易；因為是透過二個券商（一個是國內、一個是國外）開戶與下單，所以就叫做「複委託」。開戶之後，投資人可以透過電話由專人幫忙下單（因為是臺灣的同胞接單，所以講臺語也能通喔！），或者是透過複委託券商提供的官方網站下單。

　　跟臺股交易比較不同的是，在交易前必須先確認交割款項、權利金或是保證金（這個帳戶還可以信用交易）夠不夠，因為如果要投資外幣商品，證券帳戶必須是足額才能夠進行交易！

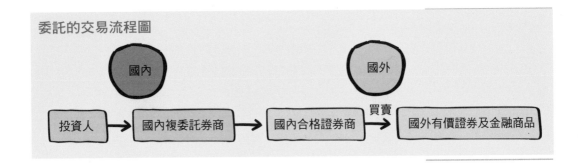

委託的交易流程圖

Ⓠ 交易成功之後，交割流程大約會多久？

Ⓐ 我們以買賣美股 ETF 為例說明。如果是在 T 日委託買進，T+1 日成交後，複委託券商會先將該筆買進交易金額（連同手續費）之帳戶進行圈存，等到 T+2 日再行扣款。如果是在 T 日賣出，T+1 日成交，扣款日後隔二個營業日（T+4）的早上，複委託券商會將賣股所得的金額匯入客戶的帳戶。

　　關於開戶所需文件、交易及交割流程，以下列表供讀者參考：

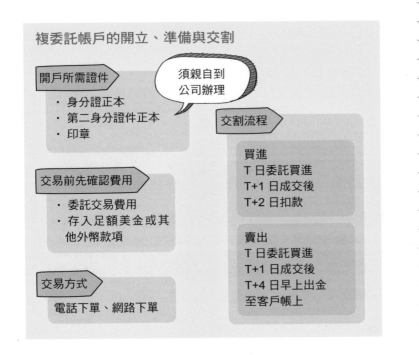

複委託帳戶的開立、準備與交割

開戶所需證件
· 身分證正本
· 第二身分證件正本
· 印章

須親自到公司辦理

交易前先確認費用
· 委託交易費用
· 存入足額美金或其他外幣款項

交易方式
電話下單、網路下單

交割流程

買進
T 日委託買進
T+1 日成交後
T+2 日扣款

賣出
T 日委託買進
T+1 日成交後
T+4 日早上出金
至客戶帳上

Q 如果是透過國內複委託券商交易ETF，手續費用如何計算？

A 由於國內複委託券商家數眾多，各家收取的費用架構並不一致，甚至於同一家券商的下單方式依網路下單或是人工下單方式的不同，收取的費用也不一致。手續費用最低通常約在 40 美元左右。我們以交易美股 ETF 為例，列表供讀者參考：

券商	人工下單	網路下單
元大	手續費為成交金額的 1%，最低手續費 50 美元	手續費為成交金額的 0.5～1%，最低手續費 35 美元
富邦	手續費為成交金額的 1%，最低手續費 50 美元	手續費為成交金額的 1%，最低手續費 39.9 美元
永豐	手續費為成交金額的 1%，最低手續費 100 美元	手續費為成交金額的 1%，最低手續費 100 美元
群益	手續費為成交金額的 1%，最低手續費 50 美元	手續費為成交金額的 0.5%，最低手續費 35 美元
日盛	5 萬美元以下收取 1%，最低為 60 美元 5 萬～10 萬美元收取 0.85% 10 萬～50 萬美元收取 0.75% 50 萬美元收取 0.7%	交易價金之 0.5%，最低收 37.9 美元
華南永昌	手續費為成交金額的 1%，最低手續費 70 美元	手續費為成交金額的 0.5%，最低手續費 35 美元

僅列舉部分券商交易手續費，實際費用以各大券商公告為主

做個稱職 I 世代，自己的帳戶自己上網開

Q 除了複委託之外，如果我想要嘗試跟國外券商開戶，可以怎麼做呢？

A 「錢」進全球資本市場，已經成為許多小資男女創富的另類方式；但是，工欲善其事必先利其器，想要抓緊潮流、投資新時代的夯品，可以加開一個國外券商的交易帳戶。

現在要在海外券商開立帳戶，並不需要大張旗鼓飛到

海外，宅在家裡一樣可以手到擒來。以開商品交易項目最多的美國證券戶為例（建議讀者朋友先開立美國的證券戶），只要準備好相關證明文件，再加上印有登記住址的帳單，透過網路就能開好證券戶了，很是方便。有人可能會擔心語言溝通問題，怕網站上許多的英文專有名詞成為開戶的障礙，這點倒是多慮了。近年來，由於全球華人的經濟實力愈來愈好，華人已經成為世界上許多券商極力爭取的對象；因此，各券商的網站或是交易平臺都已經陸續中文化，投資朋友自己上網就可以搞定開戶、交易、交割等投資程序。

而之所以建議讀者朋友先開立美國的證券戶，是因為美國股市相對於臺灣的投資朋友來說較為熟悉；另外，美國市場的投資標的也非常豐富，可以有多元化的布局以及架構更多的投資策略。以交易 ETF 來說，和眾所周知的美股三大指數連結的 ETF 就有 QQQ（追蹤 NASDAQ100 指數）、VTI（追蹤整體美國股市）、SPY（追蹤 S&P500 指數）、VOO（追蹤 S&P500 指數）、IVV（追蹤核心 S&P500 指數）、DIA（追蹤道瓊工業平均指數）這幾檔績效表現都很不錯的 ETF。選擇性多，布局也就更靈活！

開立國際帳戶證明文件	
優先文件	· 護照 · 國家核發之身份證 · 駕照 · 戶籍謄本
替代文件 *	· 銀行或信用卡帳單 · 家用水電瓦斯費帳單或稅單 · 銀行出具之證明文件 · 雇主出具之證明文件 · 居委會出具之證明文件 · 管理費帳單 · 手機或付費電視帳單 · 由政府出具之信件 · 與銀行，強制性公積金（MPF）及保險公司等之通信文件

* 所有替代文件必須含有帳戶申請人的姓名和住址，並且要是最近六個月 發出的文件，稅單可使用最近一年 核發的文件

Q 如果我想透過網路交易 ETF，自行找海外券商開戶、下單，我該怎麼做呢？

A 目前比較知名的、而且也是國內投資朋友所熟悉的海外券商，計有：第一證券（Firstrade）、史考特（Scottrade；已於 2017 年 9 月被德美利證券 TD Ameritrade 收購）、嘉信理財（Charles Schwab）、億創理財〔E*trade；原本有中文介面，並由「億創香港公司」負責開戶事宜；但是從 2016年 3 月 10 日起，億創證券（香港）有限公司「億創香港」已終止在香港之證券業務以及於香港證券及期貨事務監察委員會所持有之牌照〕等，前三家目前都有中文介面，而且開放給中國大陸、臺灣和港澳地區的居民線上開戶，投資朋友只要挑一家去開戶就好了；網頁上也有圖文說明（各券商首頁如下列各圖），新手投資人不必擔心自己是不是菜英文，只要備齊文件跟著說明一步步操作便可。

但要提醒投資朋友注意的是，如果同一年度在美國居住超過 183 天以上，就不符合申請國際帳戶的資格。但持有 F、J、M、Q 簽證的暫時居民，則是具備可申請國際帳戶的資格。另外，基於安全考量，有些券商會設定網頁如果靜置超過 10 分鐘，將被系統自動登出，此時就必須重新填寫表格。因此建議，投資朋友可以先上網瀏覽一下需要填寫那些相關的資訊，資料備妥後，就可以一氣呵成完成開戶的手續了。

Q 我們這些外國人在網路上開戶時，有沒有哪些地方要特別注意的？

A 主要是身分揭露的問題。由於美國證券市場除了吸引全球優質的企業前往掛牌之外，也幾乎對全世界國家的人民開放投資；而為了獎勵外國人錢進美國，對於符合外國人身份的投資人，交易買賣證券的資本利得（Capital Gain；簡單說，就是買低賣高賺取差價的部分）予以免扣繳美國所得稅的優

海外券商海外券商入口網站

畫面來源：Firstrade

畫面來源：TD Ameritrade

畫面來源：嘉信理財 Charles Schwab

惠。也就是說，如果你不是美國居民，在網路開戶時，就必須記得填寫美國國稅局所提供的 W-8BEN 表，以便享有免稅的優惠。但是外國人取得來自於美國配息相關的部分〔例如現金股利（Dividends）〕仍然必須被預扣 30% 的稅，嗣後再辦理退稅。而這份 W8BEN 的表格，也是寄到開戶的券商，而不是美國的國稅局。

 重點 外國人投資美國 ETF 免稅，務必填寫非美國人身分申請表＋ W8BEN 表！

Step 海外證券商網路開戶（我們以第一證券 Firstrade 為例，說明開戶步驟）：

❶ 下載並填寫開戶申請表
表格的每一個欄位都有中英對照，只要按照表格上面的指示，填寫相關資料就可以。

FIRSTRADE Member FINRA/SIPC

開戶申請表 Easy Application Form

INDIVIDUAL ACCOUNT APPLICATION 個人帳戶（非退休） (表格請以英文填寫)

帳戶類型 ACCOUNT TYPE	投資簡況 INVESTMENT & FINANCIAL PROFILE (您必須選擇至少一項)

帳戶持有人 ACCOUNT HOLDER	
姓名 Full Legal Name	社會安全號碼 SSN
電子郵箱 Email Address	出生日期 Date of Birth

畫面來源：Firstrade

☆ W-8BEN 表 (適用於非美國人士)

為因應美國稅法，凡是不具美國公民身分之交易美國有價證券投資人，必須填寫 W8-BEN 表格，並附上個人護照影本（若為法人戶，請附上負責人之個人護照影本）。這張表格就是代表不需繳納資本利得等相關稅負的文件。

填寫這張表格時，一般券商都會附上中文的填寫說明，甚至還會附上中文的填寫樣本，只要照著填寫，多半不會有問題的。我們也附上從第一證券 Firstrade 官網下載的惟一樣本畫面供讀者參考。

FIRSTRADE
Member FINRA/SIPC

W-8BEN 表格填寫說明

美國證券市場幾乎對全世界國家的人民開放，為獎勵投資，符合外國人身份的投資人買賣證券所得之資本利得 (Capital Gain) 免予扣繳美國所得稅。若您並非美國居民，開戶時請填寫美國國稅局提供的 W-8BEN 表，以便享受免稅優惠。然而，外國投資人所得的現金股利(Dividends) 仍然必須繳交美國政府所得稅。 W8BEN 表請寄到第一證券而非美國國稅局。

W-8BEN 是美國政府單位發行的表格，**必須以英文正楷填寫**，第一證券所提供的中文版本，僅作參考用。**請將填寫後的表格電郵或傳真至第一證券：**
電子郵件：　newaccounts@firstrade.com
傳真：　　　1-718-961-3919

請注意：
- 此表僅限個人使用，如為公司或其他法人申請，請使用 W-8BEN-E.
- 美國公民和綠卡持有者請勿使用 W-8BEN，請使用 W-9。
- 居住在美國境內之外籍人士，其身份符合美國國稅局所定義之所得稅申報義務人者，請勿使用 W-8BEN，請使用 W-9。
- 當年度在美國境內實際居住超過 183 天之外籍人士，請勿使用 W-8BEN。 F、J、M、Q 簽證持有者除外，請注意核實明您的簽證類別。
- 若您的身分由他國國籍變更為美國公民或永久居民，請於 30 天內填寫 W-9 通知第一證券。
- 若您的固定居住地址遷移至不同國家，請於 30 天內填寫新的 W-8BEN 表格交予第一證券。
- 第一證券有權在任何時候要求我們的用戶提供 W-8BEN 表格簽著原件。

第一部分 受益人資料
1. 受益人姓名
2. 受益人國籍
3. 固定居住地址（恕不接受郵政信箱號碼或代收郵件地址）
4. 除少數例外，居住地址應包含門牌號碼、路（街）名、城市名、國名和郵政編碼。

畫面來源：Firstrade

❷ 遞交開戶文件

A. 可先傳真或掃描之後電郵所有文件至海外券商服務部，以免因資料不全而延遲開戶作業時間。

B. 文件齊全並審查合格後，券商會先行將帳戶開通並通知帳戶號碼。

C. 如果券商需要原稿的話，就儘快將表格原件及必要的文件影本，按照指定地址寄至海外券商辦公處，以完成開戶手

Form W-8BEN

(Rev. July 2017)

Department of the Treasury
Internal Revenue Service

Certificate of Foreign Status of Beneficial Owner for United States Tax Withholding and Reporting (Individuals)

▶ For use by individuals. Entities must use Form W-8BEN-E.
▶ Information about Form W-8BEN and its separate instructions is at www.irs.gov/formw8ben.
▶ Give this form to the withholding agent or payer. Do not send to the IRS.

OMB No. 1545-1621

Do NOT use this form if:

	Instead, use Form:
• You are NOT an individual	W-8BEN-E
• You are a U.S. citizen or other U.S. person, including a resident alien individual	W-9
• You are a beneficial owner claiming that income is effectively connected with the conduct of trade or business within the U.S. (other than personal services)	W-8ECI
• You are a beneficial owner who is receiving compensation for personal services performed in the United States	8233 or W-4
• A person acting as an intermediary	W-8IMY

Note: If you are resident in a FATCA partner jurisdiction (i.e., a Model 1 IGA jurisdiction with reciprocity), certain tax account information may be provided to your jurisdiction of residence.

Part I   Identification of Beneficial Owner (see instructions) 受益人身份 (請參閱說明)

1 Name of individual who is the beneficial owner 受益人姓名

Datong Wang

2 Country of citizenship 國籍

China

3 Permanent residence address (street, apt. or suite no., or rural route). Do not use a P.O. box or in-care-of address.
固定居住地址 (道路名稱 住宅號碼)。請勿使用郵政信箱號碼或代收郵件地址。

Rm.2-3, Level 6, Tower E1, 55 East Chang An Ave., Dongcheng District

City or town, state or province. Include postal code where appropriate. 郵遞城市名、州或省名、郵遞區號

Beijing 10001

Country 國名

China

4 Mailing address (if different from above) 通訊地址(如與上述地址不同時)

City or town, state or province. Include postal code where appropriate. 郵遞城市名、州或省名、郵遞區號

Country 國名

5 U.S. taxpayer identification number (SSN or ITIN), if required (see instructions)
美國納稅人稅籍號碼、如適用(請參閱說明)

6 Foreign tax identifying number (see instructions)
國外稅籍號碼 (居住地報稅號碼、如沒有請以英文解釋)

7 Reference number(s) (see instructions)
相關索引號碼 (請參閱說明)
(請填寫您的第一證券帳戶號碼)

8 Date of birth (MM-DD-YYYY) (see instructions)
生日 (月-日-年)

08-28-1978

Part II   Claim of Tax Treaty Benefits (for chapter 3 purposes only) (see instructions)

9 I certify that the beneficial owner is a resident of __China__ within the meaning of the income tax treaty between the United States and that country. 本人證此聲明，受益人是上述和美國簽訂了稅務互惠協定的國家的居民。

10 Special rates and conditions (if applicable—see instructions): The beneficial owner is claiming the provisions of Article and paragraph ____ of the treaty identified on line 9 above to claim a ____ % rate of withholding on (specify type of income): ____

Explain the additional conditions in the Article and paragraph the beneficial owner meets to be eligible for the rate of withholding : ____

Part III   Certification

Under penalties of perjury, I declare that I have examined the information on this form and to the best of my knowledge and belief it is true, correct, and complete. I further certify under penalties of perjury that:

- I am the individual that is the beneficial owner (or am authorized to sign for the individual that is the beneficial owner) of all the income to which this form relates or am using this form to document myself as an individual that is an owner or account holder of a foreign financial institution,
- The person named on line 1 of this form is not a U.S. person,
- The income to which this form relates is:
  (a) not effectively connected with the conduct of a trade or business in the United States,
  (b) effectively connected but is not subject to tax under an applicable income tax treaty, or
  (c) the partner's share of a partnership's effectively connected income,
- The person named on line 1 of this form is a resident of the treaty country listed on line 9 of the form (if any) within the meaning of the income tax treaty between the United States and that country, and
- For broker transactions or barter exchanges, the beneficial owner is an exempt foreign person as defined in the instructions.

Furthermore, I authorize this form to be provided to any withholding agent that has control, receipt, or custody of the income of which I am the beneficial owner or any withholding agent that can disburse or make payments of the income of which I am the beneficial owner. I agree that I will submit a new form within 30 days if any certification made on this form becomes incorrect.

Sign Here ▶
簽名欄

Signature of beneficial owner (or individual authorized to sign for beneficial owner)
受益人簽名(現受益人授權之簽署人簽名)

01/03/2017
日期 (月-日-年)

Datong Wang

SELF

畫面來源：Firstrade

續 （有時海外券商會規定 W-8BEN 表格的原件收到前，帳戶不能交易）。因為開戶需要證件送審，因此在網路開戶之後，投資人先傳真或 EMAIL 文件過去，讓券商預先審核資料，進行開戶程序；但是有些券商仍會要求投資人把實體文件裝好，整封寄過去；相關條件，得要看看開戶券商當時的要求而定。

❸ 存入資金

開戶後必須匯入資金，有些券商會規定現金帳戶的最低餘額（例如至少 500 美元，若是融資融券帳戶則會比較高一些，例如最低要求為 2000 美元等，端視各家券商的規定）。那麼應該怎麼匯款呢？

A. 如果投資人在美國沒有銀行帳戶，可以從臺灣的銀行電匯資金到海外券商證券戶頭裡。

B. 如果投資人本來在美國就有銀行帳戶，可以直接從美國境內匯款至海外券商證券戶頭裡。

C. 如果你原本已經有海外證券帳戶，轉換到新開戶的另一家，這家新開戶的券商，往往會有不錯的優惠。

各家券商優點不同，挑選適合自己投資風格的最好

Ⓠ 海外券商這麼多家，應該要如何選擇呢？

Ⓐ 由於這幾年跨境、跨國投資已逐漸蔚為風潮，許多網路券商無不卯足全力，想要搶攻這塊大餅；尤其是華人投資者的財富能力日漸豐厚，自然成為這些網路券商鎖定的焦點，所以也時不時地會推出一些優惠方案，以獲取投資人關愛的眼神。如果還是以前面幾家臺灣的投資朋友較為熟悉的網路券商為例，我們可以約略敘述一下各家的優點：

⭐ Firstrade 有中文介面、數百支免費 ETF 可以投資

海外券商當中，搶攻華人投資人最為不遺餘力的，「Firstrade 第一證券」無疑一定榜上有名。除了界面中文化之外，還有 ETF 專屬網頁，提供投資人無障礙地交易 ETF；網頁上有類似小教室般的網頁文字說明，另有教學視頻，教導投資人有關 ETF 的相關知識。最重要的是，目前（2018 年 7 月）有超過 700 檔的 ETF（篩選自 MorningStar 晨星網站）提供免手續費的交易優惠措施。如果是正要選擇海外券商的投資朋友，不妨考慮看看這家券商。

畫面來源：Firstrade

⭐ 長期投資 ETF，可以選擇 TD Ameritrade

如果投資朋友在投資 ETF 時，不會經常進出，而是以長期投資為主的話，可以選擇 TD Ameritrade。

目前 TD Ameritrade 提供超過 300 支、經過 Morningstar（晨星）挑選出來的免費 ETF 可供投資。這些 ETF 涵蓋層面甚廣，有股票型、產業型、債券型、國際型、原物料／商品等類型；另外，由於這些 ETF 是經過挑選的，因此在各領域當中頗具代表性，對於長線投資人在作資產配置的規劃時，也是很實惠的選擇。

但要注意的是，TD Ameritrade 目前並沒有提供中文介面；而且短線交易（30 天之內）的 ETF 可能會被收取手續費。

💰 **本畫面解說**

1. 提供超過 300 支、經過 Morningstar（晨星）挑選出來的免費 ETF 可供投資。
2. 短線交易（30 天之內）ETF 可能就會被收取手續費。

💰 **本畫面解說**

提供的 ETF 包羅萬象，包括：股票型、產業型、債券型、國際型、原物料／商品等類型。

畫面來源：TD Ameritrade

Q 如何自行下單進行 ETF 買賣？

A 關於境外 ETF 的下單步驟，其實跟臺灣證券戶的網路下單交易步驟差別不大，投資朋友可以先審視過你關注的 ETF 的現價之後，再點選「交易」的頁面，就會出現諸如「股票訂單輸入」的畫面，接著再選擇「買進」或是「賣出」，然後輸入「股票代號」。如果不知道代號，有些券商的網頁旁邊會有個「查詢代號」的小框框可以幫忙查詢。最後再輸入你限定的價格就可以了。

多功能交易板

畫面來源：Firstrade

複委託券商收費較貴，適合長期投資人

Q 透過海外券商自行交易、或是透過複委託券商交易，各有什麼優點？

A 透過複委託最大的好處，就是你可以得到相關的各項研究報告。

目前臺灣大型的金控公司都有複委託的業務，多半都編制有研究團隊並提供及時行情。也因為美國和臺灣交易時間是晝夜顛倒的，有些臺灣券商還有值班人員盯盤，並且提供隨時改單的服務。因此，比較謹慎或是投資經驗比較少的投資人，大多偏好複委託的方式。

但是，透過複委託券商下單，買和賣都要收取手續費，一次最少約需要 40 美元，投資 ETF 的交易價差得漲過交易

的手續費，才是有利可圖；如果是偏愛長期投資的投資人，就可以考慮選擇複委託券商。

透過海外券商下單 ETF 的好處，包括：開戶有中文介面、交易費很便宜、網路自行下單也方便。雖然海外券商有時候也會提供中文版本的研究報告，但如果要積極一點，蒐集資訊還是要自己來。另外，在國內財經網站，例如 PChome、鉅亨網等，也可以找到相關訊息，適合短進短出、有投資基礎的投資人，在交易費上可以省下很多錢。

透過外資券商買賣 ETF 的費用

交易種類	交割流程
股票或 ETF	網上交易 $2.95 每筆交易 經紀人協助下單 $19.95

資料來源：Firstrade 第一證券

美國 VS. 臺灣 ETF，交易制度七個大不同

Q 交易美國與臺灣股市的 ETF 有什麼不同地方嗎？

A 總共有七個不同點，我們詳細列舉如下：

☆ 交易時間不同

- 臺灣股市的交易時間為臺北時間早上 9:00 到中午 13:30，週末休市。美國股市的交易時間則較長，為美東時間 9:30 到下午 16:00，也就是臺北時間晚上 22:30 到凌晨 5:00。

- 美國因為有夏令節約時間，因此夏天的交易時間與冬天相比，會提早一個小時，為臺北時間晚上 21:30 到凌晨 4:00。美國的券商現在也提供盤前交易與盤後交易，因此不一定要熬夜來操作在美國掛牌的 ETF。

複委託券商交易慣例	美國股市
交易時間：以臺北時間為例	夏令：21:30 ～ 04:00 冬令：22:30 ～ 05:00
主要交易市場	紐約證券交易所（NYSE） 那斯達克證券交易所（NASDAQ）
買賣單位	1 股或 100 股
漲跌停限制	無
交割幣別	美元（USD）
委託交易方式	電話下單 網路下單
買／賣交割款	買進：需存入足額款項 賣出：T+2 日（T+3 日匯款到複委託的交易專戶）

☆ 交易代號不同：

- 臺灣的 ETF 交易代號為數字，例如元大臺灣 50ETF 的股票交易代號為 0050；元大高股息 ETF 的股票交易代號為 0056。

- 美國的 ETF 交易代號則為英文縮寫，例如納斯達克 100 指數 ETF 為 QQQ；SPDR 標普 500 指數 ETF 的代號則是 SPY。

☆ 交易單位不同：

- 臺灣的 ETF 交易單位為 1000 股。

- 美國的 ETF 交易單位沒有限制，可以只買賣一股。

☆ 漲跌幅限制不同：

- 臺灣股市目前漲跌幅限制 10%；國內成分證券指數股票型基金受益憑證（ETF）、國內槓桿反向 ETF 及附認股權有價證券漲跌幅度等商品，也是 10%。但是國外成分證券指

數股票型基金受益憑證（ETF）、境外指數股票型基金受
益憑證（ETF）、指數股票型期貨信託基金受益憑證（ETF）
及國外槓桿反向 ETF 則無漲跌幅度的限制。

- 美國 ETF 則沒有漲跌幅的限制。

☆ 開戶手續不同：

- 買賣臺灣 ETF，若想要擁有自動轉帳功能，必須同時開立
銀行戶頭及證券戶頭。

- 買賣美國 ETF 只需要開立一個證券戶頭，此證券戶頭同時
擁有銀行戶頭及證券戶頭的功能，如果開了戶把錢放在裡
面，卻沒有買股票，將被視同存款，券商也是會付利息給
投資人的。

☆ 手續費、稅賦不同：

- 買賣臺灣的 ETF，必須支付交易金額千分之 1.425 的手續
費給證券商，此外還要再繳納千分之 1 的證券交易稅給政
府。

- 買賣美國 ETF 的手續費，是以交易筆數為基準，每位券商
收取的比例不同；網路下單比電話下單要便宜得多。為了
鼓勵外國人投資美股，因此外國人買賣美股的價差免稅，
未買賣股票現金存款所衍生的利息也免稅。唯一需要預扣
稅的，就是現金股利，臺灣人民必須預扣 30% 的稅款。

☆ 股利政策的不同：

- 臺灣的股利通常一年發放一次，公司會依前一年的盈餘表
現來決定股利的多寡；因此，臺灣的 ETF 如果有配息的話，
也多半是一年一次。

- 美國股市通常會按照國際慣例每季分紅，因此美國的股票
型 ETF 也多半是按季配息；而債券型 ETF 則為月配息。

心動也要
行動！

今天是　　　年　　月　　日

我想投資的項目是　　　　　　　　，代號是

想買的原因是：

今天是　　　年　　月　　日

我想投資的項目是　　　　　　　　　　，代號是

想買的原因是：

ETF 關鍵名詞解釋：追蹤的標的指數、淨值和市價

ETF 是透過一籃子股票追蹤或複製某一產業或大盤的表現，雖然緊貼著指數走勢，但可能在某段時間內會出現小幅溢價或是折價。另外，和投資任何一種金融商品一樣，投資 ETF 還是會面臨風險，包括下列三種風險：系統風險、追蹤誤差的風險、匯率風險。

①什麼是「標的指數」？

證券市場所稱的指數，主要是用來衡量某一個市場或產業走勢之指標，想要瞭解股票市場，必須先認識股市大盤指數的由來。基本上，每檔 ETF 在成立之前，都會指定某一個特定的指數，作為該檔 ETF 追蹤的目標，而這一個被指定的指數，就是該檔 ETF 的「標的指數」。

以下我們就先來看看，什麼是臺灣的大盤指數。

目前臺灣股市採取的是「發行量加權股價」指數；至於投資人口中的大盤指數，是和「基期」數字相比之後的結果。

這個基期數字是以民國 55 年的股票市場「市值平均數」為基準，設為 100 點，採樣樣本包含所有上市股票，特別股與全額交割股除外。所以，若我們看到臺灣的「發行量加權股價」指數是 1 萬點，代表當天所有上市公司的總市值，是民國 55 年基期市值的 100 倍（10000 點：100 點＝ 100 倍）。

至於什麼是市值？市值就是把某天某一家上市公司股票的收盤價，乘以這家公司所有流通在外的股數之後，所得到的數值，就是這家公司今天的市值。假設某家公司今天收盤價是 50 元，流通在外的股數是 10 萬股，那麼 50 元 × 10 萬股＝ 500 萬元，就是這家公司今天的市值。如果有人想一口氣買下這家公司，就得花這麼多錢。

重點 市值＝股票收盤價 × 流通在外之股數

　　再把每家公司在收盤之後計算出來的數值全部加總起來，就成了今天臺灣所有上市公司的總市值。由於收盤價每天不同，數值自然也是每天變動。報章雜誌經常報導臺股連續幾天上漲，總市值增加幾千億、甚至上兆新臺幣，每位股民平均獲利多少萬元，就是這樣算出來的。

　　而臺灣「大盤」指數計算的方式，是「發行量加權股價」指數，它最大的特色就是：股本較大的公司對指數的影響較大，股本較小的公司對指數的影響較小；這也就是股本較大、市值較高的公司，之所以被稱為「權值股」的原因。

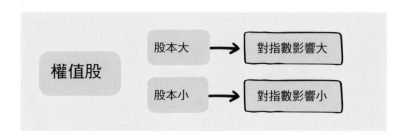

　　權值股因為權重比較大，因此不管這些個股的股價是上漲還是下跌，對大盤指數的影響都很大！目前臺灣的權值股中（以 2018/5/25 收盤價計算），市值第一名是臺積電，第二名是鴻海，第三名是臺塑化，這三家公司所占的市值比重高達 26.25%（臺股 2018/5/25 的總市值為 327,266.29 億）。如果這三家公司的股價狂漲的話，自然就會使大盤指數大幅度地上漲。

然而，並非每個交易所的股價指數都和臺灣的「發行量加權股價」指數一樣的算法。例如大家都聽過的道瓊工業平均指數，目前就只包括 30 家美國的主要公司。而它首次在 1896 年 5 月 26 日被公布出來時，指數是 40.94 點，而且只包括美國當時工業中最重要的 12 種股票的平均數，其後才逐漸增加到目前的 30 檔成分股。該指數的計算方式，是先加上所有成分股的價格，再除以股票的數目而得出道瓊工業平均指數。其他例如日經平均指數（成分股 225 檔），香港的恆生指數（成分股 50 檔）等，其算法也都各有特色。

 道瓊工業平均指數＝ 30 檔成分股的股價加總／股票數目（固定除數）

臺灣股市市值前十大的公司

股票代號	公司名稱	市值(億)
2330	台積電	59,250.92
2317	鴻海	14,989.36
6505	台塑化	11,669.30
2412	中華電	8,533.19
1301	台塑	6,906.83
1303	南亞	6,820.51
2882	國泰金	6,771.57
1326	台化	6,740.36
2881	富邦金	5,434.04
3008	大立光	5,358.89

資料來源：臺灣證券交易所　日期：2018/5/25

瞭解了指數的基本概念之後，我們再來看看，如果投資人想要追蹤某一個市場或是某一個產業的發展前景，就不需要同時關注那麼多檔成分股，只要透過追蹤連結該標的指數 ETF 的報酬變化就可以了。換句話說，如果看好某一個市場或者是某一個產業，那麼只要選擇適合的 ETF 投資，就可以輕而易舉地達到跟整體市場或特定產業報酬率幾乎一致的效果。

②什麼是「ETF 的淨值」、「ETF 的市價」

ETF 既然也是共同基金的一分子，所以也有基金在申購、贖回時會用到的淨值；而這個淨值的由來，也和其他共同基金的算法一樣，是計算某一天基金的淨資產價值（簡稱淨值），也就是 ETF 每一單位的真實價值。而資產管理公司最主要的任務，就是要讓 ETF 的淨值報酬，盡量貼近所追蹤指數的報酬。

至於 ETF 的市價，則是指投資人要投資買賣 ETF 所需支付的價格；而這個價格是由次級市場上買賣雙方共同決定的。就理論而言，ETF 的市價應該是要極其接近其淨值才不會有套利的空間；也就是說，投資人在買進或賣出 ETF 時，所設定的價格應該要參考其淨值，才不會買貴了。

 重點　ETF 淨資產價值／ETF 己發行單位數＝ETF 每受益權單位的淨資產價值（NAV）

心動也要行動！

今天是　　　年　　月　　日

我想投資的項目是　　　　　　　　　　　，代號是

想買的原因是：

今天是　　　年　　月　　日

我想投資的項目是　　　　　　　　　，代號是

想買的原因是：

第2天

靈活多變，掌握獲利良機：
ETF 操作策略幫你趨吉避凶

雖然投資 ETF 不必像挑選股票一樣，必須研究個股的財務狀況或是學會判斷各項技術指標，才能夠精準出手；但是，畢竟 ETF 是一籃子股票的概念，肯定會受到經濟循環的影響。因此，要如何順勢翻轉、隨波逐流，就要學習解讀重要的總體經濟指標。如果再加上能夠解析大盤或某一個產業的價量關係，那麼在架構 ETF 的投資組合時，將會更加靈活！

隨勢翻轉：
ETF 與總體經濟的關係

ETF 是一籃子股票的概念，肯定會受到經濟循環的影響。因此，要如何順勢翻轉、隨波逐流，就得要學會解讀重要的總體經濟指標。

> · 順勢翻轉、順風駛帆——ETF 與總體經濟的關係
> · 不同類型 ETF 有不同的最佳進場時機
> · 經濟指標預估景氣波動，首重 GDP
> · 各國成長罩門不同，看仔細可提高投資 ETF 的勝算
> · 關心經濟數據，掌握長期趨勢

ETF 是一籃子股票，和總體經濟指標無法脫勾

Q 挑選 ETF 時，為什麼還要關注總體經濟指標的變化呢？

A 由於股票是經濟的櫥窗，向來會反應景氣的變化；而 ETF 畢竟是一籃子股票的概念，自然而然和經濟、景氣的變動息息相關。我們在學習總體經濟指標之後，透過分析、解讀總體經濟與金融環境如何地改變，將有利於掌握全球的投資趨勢；如此順水推舟，除了短線可以找到當紅炸子雞之外，長線還可以捕獲臥虎藏龍，進而大幅提高投資的勝率。

當全球人口老化問題日益嚴重、當中國經濟結構逐漸轉型躍升為全球第二大經濟體、當美國總統川普啟動中美貿易逆差的戰火……諸如此類重大的經貿議題，都將改變各國政經結構；衍生而出的經濟消長變化，也將陸續影響產業板塊的挪移。如此一來，要架構 ETF 全方位的投資組合，怎麼能夠錯過學習如何解讀總體經濟指標呢？

（Q）既然總體經濟指標可以預測景氣的變化，那麼可以先說明如何搭配景氣循環布局何種 ETF 嗎？

（A）投資朋友在選擇 ETF 時，可以搭配景氣循環週期，挑選能夠配合自己短期、中期、長期資產配置需求以及投資前景相對應之標的 ETF。概括來說，不同類型 ETF 的最佳進場時機，可以如下分類：

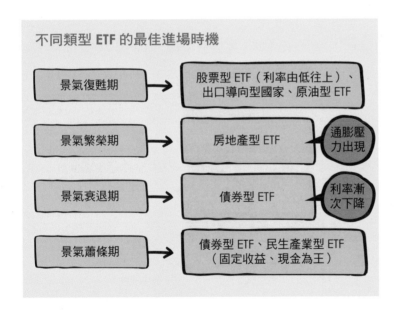

關注景氣循環的週期性變動，就是關注投資市場的長期趨勢走向。以股票型 ETF 為例，想要有良好的投資報酬率，就絕對與經濟景氣的榮枯脫不了關係；在景氣不佳的時刻，投資朋友是很難逆勢操作而賺到錢的。

然而景氣循環具有週期性變化，這當中的關鍵因子並不難理解；在不同的週期中，因為利率高低、股價漲跌、貨幣政策鬆緊等因素，都會牽動不同的投資策略。只要掌握關鍵總體經濟指標的變化，就可以順勢操作。

經濟指標預估景氣波動，首重 GDP

Ⓠ 如果想透過經濟數據來瞭解一個國家的經濟前景，投資人應該要注意哪些經濟指標呢？

Ⓐ 各國的經濟指標經緯萬端，數據的解讀不見得都會一樣。但若想要初步解讀一國經濟的好壞，主要可以參考這五個指標的趨勢變化，分別是：「經濟成長率」、「失業率」、「通貨膨脹率」、「利率」和「匯率」。

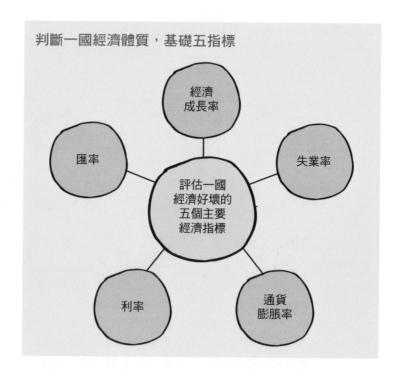

判斷一國經濟體質，基礎五指標

　　首先，我們先來解讀「經濟成長率」。大部分的投資朋友應該都聽過，「國內生產毛額」（Gross Domestic Product，GDP）以及「國民生產毛額」（Gross National Product，GNP）這二個經濟名詞。我們用很簡單的說法來解釋說明。

　　一個國家的總產出是分別由各個不同的產業部門，透過勞工或者機器設備等，把原物料加工之後再產製成品。這些產出額扣除投入的原物料或者半成品之後，就是加工創造產出的增加部分，稱之為「附加價值」（Value-added）；再把各種產出的附加價值，合計起來就是國內生產毛額。

　　國內生產毛額的大小，表示一國的經濟規模；比較該年的 GDP 對於前一年 GDP 的增加程度，就稱之為「經濟成長率」，是判斷經濟情勢如何的重要指標之一。

　　至於判斷經濟指標好壞的方式有二個：自己和自己比（看看這一期有沒有比上一期要來得好），或者是同一時期的自己和同類型國家相比，有沒有比人家好。這樣的比較結果才會有意義（欲看更詳細的解釋，請參考《三天搞懂財經資訊》一書）。

觀念速解
國內
生產毛額

國內生產毛額係指在「一定期間內」，由一個「地區」裡所有的人民（不分國籍、人種，但限定在同一個地區）生產出來，提供「最終用途」的商品與勞務之「市場總價值」，稱為國內生產毛額。

觀念速解
國民
生產毛額

國民生產毛額係指在「一定期間內」，由一個「國家」的所有人民，在全世界各個地區（有國籍之分而無國界之分）所生產出來，提供「最終用途」的商品與勞務之「市場總價值」，稱為國民生產毛額。

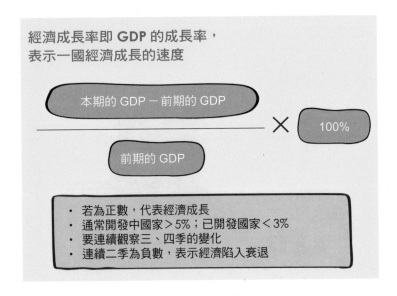

經濟成長率即 GDP 的成長率，
表示一國經濟成長的速度

$$\frac{\text{本期的 GDP} - \text{前期的 GDP}}{\text{前期的 GDP}} \times 100\%$$

- 若為正數，代表經濟成長
- 通常開發中國家＞5%；已開發國家＜3%
- 要連續觀察三、四季的變化
- 連續二季為負數，表示經濟陷入衰退

Q GDP 和 GNP 有什麼差別嗎？

A 「國民生產毛額」GNP 是以參與者的「國籍」為界定範圍；而「國內生產毛額」GDP 卻是以參與者所在的「國境」為界定範圍。所以，外籍勞工在臺灣從事生產所創造出來的價值，包含在 GDP 之中，卻不包含在臺灣的 GNP 之中。但是，僑居在海外的中華民國國民，其生產價值、國民資產（譬如金融資產或不動產）、存放於國外銀行所孳生的利息或租金收入，都計算在臺灣的「國民生產毛額」GNP 中。

所以，GNP 是以「國籍」分，GDP 是以「國境」來區分。

由於 GDP 計算的是一個國家境內生產出來的產品、財

⭐ GDP 計算公式

以「國境」來區分

國內生產毛額 GDP ＝ C（消費）＋ I（國內民間投資）＋ G（政府支出）＋ X（出口）－ M（進口）

只要是在臺灣境內，不管是臺灣人或外國人，所創造的收入皆計入 GDP

⭐ GNP 計算公式

以「國籍」來區分

國民生產毛額 GNP ＝ C（消費）＋ I（投資）＋ G（政府支出）＋ X（出口）－ M（進口）

只要是臺灣人，無論是在國內或國外，都會將他所創造的收入計入 GNP

貨或勞務收入的總值，因此，GDP 的數據變化比較受到重視。理由是因為，我們是想要瞭解哪一個地區或國家值得投資，或者國際資金流向哪一個地區去，會讓資金運用起來更有效率；也要瞭解哪一個國家或地區的產業發展前景較佳，值得我們買進 ETF。所以自然是要看該地區的 GDP，而不是 GNP 了。

另外，錢進國際、投資 ETF，還得考慮一個因素，那就是我們所投資幣別的幣值是升值或是貶值？這關係到該國經濟的體質好不好。因此，也需要透過一些重要的總體經濟指標來檢視。而各國政府也是依據這些指標來調整並提出因應的對策，從而影響匯率的升貶。要提醒讀者的是，不能只憑單一經濟數據就妄下判斷，最好是多個經濟數據綜合分析，才不會以偏概全。

GDP 增減，牽動雙率（利率、匯率）變動

（Q）GDP 和匯率的關係又是如何呢？

（A）GDP 或 GNP 的數值變化，通常代表該經濟體在某一段時間景氣的好壞。當 GDP 成長率逐季的上升，表示該經濟體的情況轉佳，適合買進追蹤該經濟體的 ETF；相反地，當這個數值每況愈下，持有相關的 ETF，就要有住進高檔套房的準備了。

至於該國的匯率會如何變化？我們可以簡要地說明一下變化的過程。

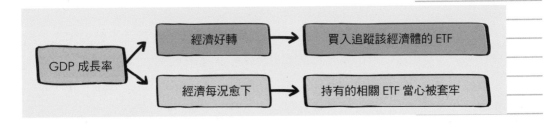

在公布 GDP 這個數據之後，市場會有哪些反應？主要取決於市場原先對於 GDP 的預期。對外匯市場而言，不如預期的 GDP 成長率，自然是一項利空消息。因為當該國未來的經濟展望不佳，已經在該國境內的資金（不管是內資或外資）就會想要儘快外逃，找尋更好的投資機會；而尚未進來的潛在國外資金更是不敢進來投資。於是，內資外逃、外資躊躇的情況之下，想要持有該國貨幣的動能銳減（較少外資想要進來該國了），想要拋棄該國的資金陡增（更多已經在該國的資金亟思想要逃離該國），這一來一往之下，該國貨幣價值自然會有貶值的趨勢。

　　相反地，如果實際公布的 GDP 數據超乎市場預期，那麼國外的投資人會爭先恐後將資金匯集到該經濟體，找尋投資機會；而該國境內的資金則不會想要外逃，甚至會加碼投資。如此一來，不只該國貨幣升值，股市、甚至房市也會上漲，這個時候，就會形成所謂「股匯雙漲」的格局了！

　　通常 GDP 成長率高的國家或是地區，容易吸引外資青睞；當熱錢紛紛湧入，景氣擴張、也會持續維持一段時間的榮景，造成 GDP 成長數值超乎預期，接下來就有可能發生景氣過熱現象。這時貨幣主管當局會祭出緊縮政策，啟動升息循環，使得利率逐漸上揚。而在升息循環的初期，對股市而言，會是個好消息；因為這代表榮景持續，企業獲利仍將成長，股價自然也會隨之上漲。

　　不過，如果利率持續走升，居高不下，企業借款利息（資金成本）增加了，反而會侵蝕企業的獲利，那麼股價的漲勢就會中斷。這就是我們之前篇章提到的，在景氣復甦期適合投資股票型 ETF（因為此時的利率由低往上）、出口導向型國家的 ETF 以及原油型 ETF。等到通膨壓力出現、央行啟動升息循環時，就可以留意抗通膨相關的 ETF（例如房地產型 ETF）。而當股價的漲勢中斷、景氣逐漸衰退，央行又會再度降息，在利率漸次下降的過程中，固定收益的債券

型 ETF 就會勝出。如果降息的救援失敗，景氣步入蕭條期，在固定收益、現金為王的氛圍之下，債券型 ETF、民生消費型（水、電、瓦斯等公用事業）ETF 就會是首選。

景氣榮枯情形	適合投資的 ETF 類型
景氣復甦期	股票型 ETF、出口導向型國家的 ETF、原油型 ETF
通膨壓力出現，央行啟動升息循環	抗通膨相關的 ETF（例如房地產型 ETF）
景氣逐漸衰退，央行再度降息	固定收益的債券型 ETF
景氣蕭條期	債券型 ETF、民生消費型（水、電、瓦斯等公用事業）ETF

各國成長罩門不同，看仔細才能提高投資 ETF 勝算

Q 各國都重視 GDP 的成長幅度，但是每個國家如果想要拉抬經濟成長率的話，重視的關鍵罩門都一樣嗎？

A 由於各國的天然資源不一，具有的比較利益點也不相同，所以各國經濟成長的罩門當然不盡相同。眾所周知，臺灣是以出口為導向的國家，出口占 GDP 的比率高達七成以上；因此，如果想要拉抬 GDP 的成長率，弱勢臺幣將有助於出口產業。因為當新臺幣貶值，產品銷往國外的報價變得便宜了，於是可以拉抬業績成長。這就是為什麼世界上有很多國家常常會祭出貶值的策略以救出口（稱為「貨幣競貶」），企圖以出超方式帶動 GDP 成長！

至於美國，雖然它向來是以進口為主，但是因為它的金融體系強、經濟體系大，而且又擁有強勢美元，利於消費，因此影響美國 GDP 的主要因素，反倒是「C：消費」；而消費這部分，估計對於美國 GDP 的貢獻也高達七成。於是，投資朋友如果想要布局美國市場相關的 ETF，就可以關注美國每年的第四季——也就是傳統的消費旺季表現如何。這

部分可以參考的指標，包含：消費者物價指數、消費者信心指數、零售銷售數據等。這些指標的判斷，除了掌握前面所提到的「自己和自己比」的要領之外，還需要觀察一段時間（數月或數期）的趨勢變化，是變好還是變差，再來決定標的 ETF，以增加勝算。

布局美國 ETF 市場所需關注的參考指標	消費者物價指數
	消費者信心指數
	零售銷售數據

投資朋友瞭解所欲投資國家的 GDP 主要變動因素之後，對於如何利用經濟數據來判斷該國未來經濟的變化走勢，將更加駕輕就熟。

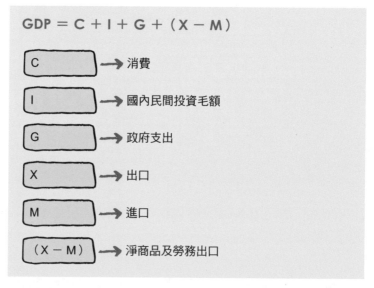

$$GDP = C + I + G + (X - M)$$

C ⟶ 消費

I ⟶ 國內民間投資毛額

G ⟶ 政府支出

X ⟶ 出口

M ⟶ 進口

(X － M) ⟶ 淨商品及勞務出口

GDP 與匯率的關係

GDP 高 ⟶ 吸引外資 ⟶ 熱錢湧入 ⟶ 景氣過熱 ⟶ 央行升息 ⟶

利率上漲 ⟶ 匯率下跌 ⟶ 臺幣升值 ⟶ 不利出口

臺灣主要經濟指標彙總

台灣經濟指標追蹤

每月指標名稱	2018/05	2018/04	2018/03	2018/02	2018/01	2017/12	2017/11	2017/10
消費者物價指數	101.58	101.81	101.16	102.15	101.21	101.56	101.71	101.46
----/年增%	1.64	1.98	1.58	2.19	0.89	1.22	0.34	-0.33
躉售物價指數	104.59	102.88	101.81	101.97	102.01	102.33	102.04	101.55
----/年增%	5.61	2.53	0.53	-0.19	-0.73	0.31	1.56	1.65
批發零售業調查(百萬台幣)	0	1185459	1255482	1063898	1287535	1306916	1286667	1266194
----/年增%	0.0	3.1	5.0	2.5	5.1	3.6	4.1	3.7
零售業銷售年增%	0.0	3.6	5.2	15.7	-4.2	3.5	4.0	3.2
批發業銷售年增%	0.0	2.8	4.9	-4.0	10.4	3.5	4.2	3.9
失業率%	0	3.64	3.66	3.7	3.63	3.66	3.71	3.75
工業生產指數	111.1	103.22	114.96	87.73	108.58	111.67	109.02	107.51
----/年增%	7.05	8.53	5.64	-4.73	9.39	4.17	1.61	2.67
外銷訂單(百萬美元)	41112	39111	42383	32454	43063	48471	48689	46601
----/年增%	11.68	9.82	3.06	-3.85	19.72	17.54	11.62	9.18
貿易餘額(百萬美元)	4406.5	4165.8	6010.1	3068.5	2686.3	6133	5884	5263
出口貿易年增%	14.2	10.0	16.7	-1.2	15.3	14.8	13.7	3.0
進口貿易年增%	12.0	4.9	10.4	0.0	22.0	12.2	9.0	-0.1
外匯存底(億美元)	457.3	457.1	457.2	456.7	455.7	451.5	450.5	447.8

資料來源：鉅亨網

主要國家經濟指標追蹤

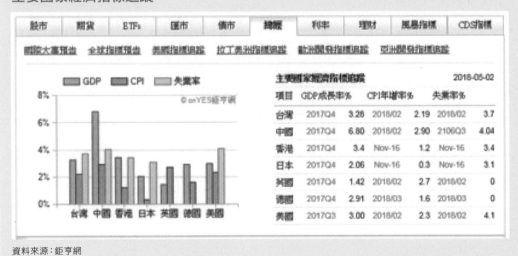

資料來源：鉅亨網

分類	指標名稱	2018/05	2018/04	2018/03	2018/02	2018/01	2017/12	2017/11
物價	消費者物價指數SA	250.5	250.0	249.5	249.6	249.2	247.9	247.4
	----/月增%	0.2	0.2	-0.1	0.2	0.5	0.2	0.3
	----/年增%	2.7	2.4	2.4	2.3	2.1	2.1	2.2
	消費者核心物價指數SA	256.9	256.5	256.2	255.8	255.3	254.4	253.8
	----/月增%	0.2	0.1	0.2	0.2	0.3	0.2	0.1
	----/年增%	2.2	2.1	2.1	1.9	1.8	1.8	1.7
	生產者物價指數核心年增%SA	3.1	2.7	3	2.9	2.6	2.6	3
勞動	失業率%SA	3.8	3.9	4.1	4.1	4.1	4.1	4.1
	非農業就業人口增減SA(千)	223	159	155	324	176	175	216
	平均每週工作時數SA	34.5	34.5	34.5	34.5	34.4	34.5	34.5
	----/月增%	0.00	0.00	0.00	0.29	-0.29	0.00	0.29
	平均每小時工資月增%SA	0.30	0.15	0.22	0.11	0.26	0.38	0.26
	平均每小時工資年增%SA	2.71	2.56	2.64	2.57	2.77	2.66	2.47
	職缺需求與勞工進退調查SA(千)	0	6698	6633	6078	6228	5667	5933
	----/月增%	0.00	0.98	9.13	-2.41	9.90	-4.48	-2.11
	----/年增%	0.00	9.66	18.30	8.19	14.40	3.30	5.34
	挑戰者企業裁員報告(千)	31517	36081	60357	35369	44653	32423	35038

資料來源：鉅亨網

美國主要經濟數據公布的時機

當月的數據	公布日期	當月的數據	公佈日期
汽車銷售量	同月約 13 日、23 日 次月的 3 日	耐久財訂單	次月的 22 日 ~28 日
ISM 製造業採購經理人報告	次月的第一個營業日	GDP	次月的 21 日～30 日
ISM 非製造業採購經理人報告	次月的第三個營業日	個人所得 / 消費支出	次月的 22 日～31 日
芝加哥採購經理人指數	當月最後一個營業日	領先指標	次月的最後營業日
就業報告	次月的 1 日 ~7 日	新屋銷售	前兩個月的報告於 28 日～4 日公布
躉售物價指數	次月的 9 日 ~16 日	營建支出	前兩個月的報告於第一個營業日公布
零售銷售指數	次月的 11 日 ~14 日	工廠訂單	前兩個月的報告於 30 日～6 日公布
工業生產 / 開工率	次月的 14 日 ~17 日	商業存貨 / 銷售	前兩個月的報告於 13 日～17 日公布
新屋開工率 / 營建或建築許可	次月的 16 日 ~20 日	商品貿易赤字	前兩個月的報告於 15 日～17 日公布
消費者物價指數	次月的 15 日 ~21 日		

資料來源：鉅亨網

關注通膨率，預測利率決策

Q 通貨膨脹率和失業率對於匯率有怎樣的關聯性呢？

A 不管是投資境內或境外的 ETF，瞭解大環境的經濟走勢以做好資金的布局以及資產配置，是相當重要的。

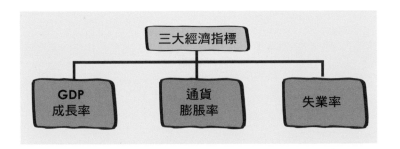

一般投資朋友重視的三大經濟指標，指的就是「國內生產毛額 GDP 的成長率」、「通貨膨脹率」以及「失業率」。其中「通貨膨脹率」和「失業率」這二者加起來就是俗稱的「痛苦指數」。在正常年頭，「通貨膨脹率」和「失業率」走向是相反的；因為經濟衰退時，失業率會上升，因此物價、通貨膨脹率會跟著走跌；當經濟轉強、失業率下降時，民眾的可支配所得變多，比較容易炒東炒西、炒股票和炒房地產，因而有可能炒高物價，帶動通貨膨脹率逐漸攀升。可是，一旦「通貨膨脹率」和「失業率」雙雙上升，表示一個國家的經濟衰退、失業率增加，在可支配所得變少的同時，卻又面臨物價上漲（通貨膨漲率上升），難怪民眾會覺得很痛苦了！

正常情形下，「通貨膨脹率」和「失業率」走向相反

經濟的榮枯	失業率	物價	通貨膨脹率
衰退時	攀升	下降	走跌
轉強時	下降	攀升	攀升

• 「通貨膨脹率」上升、「失業率」也上升 ＝ 國家經濟衰退、失業率增加。
• 物價上漲（通貨膨脹率上升）、可支配所得變少＝痛苦指數增加。

　　至於「通貨膨脹率」以及「失業率」和「匯率」有什麼樣的關係？我們就先來瞭解「失業率」（Unemployment Rate）的定義。失業率是計算失業人口占勞動人口的比率，用來測量閒置中的勞動產能有多高。在美國，失業率會在每個月的第一個週五公布；而在臺灣，則於每個月下旬由行政院主計處公布。

　　接著是「通貨膨脹率」（Inflation Rate）的定義，它是指貨幣發行量與實際需要的貨幣量的比例，藉此反應出通貨膨脹和貨幣貶值的程度，同時又可以衡量民間的實質購買力。試想，如果一個國家發行超過民眾需求的貨幣數量——也就是貨幣的供給大於需求——那麼這個貨幣的購買力一定會下降，也就是物價會上漲、東西變貴了的意思。

　　其實「通貨膨脹」與「物價上漲」是不一樣的經濟範疇；我們也許可以粗淺的說，如果「物價上漲」的程度超過貨幣主管機關（通常是央行）所設定的範圍，就會被提升到「通貨膨脹」的等級。而衡量通貨膨脹率有三個指標，為「生產者物價指數」（PPI）、「消費者物價指數」（CPI）以及「零售物價指數」（RPI）。

各指標與貨幣升值／貶值關係

該國指標／政策	數值	外匯進出	貨幣升／貶值
GDP	成長	流入	升值
	下跌	流出	貶值
通貨膨脹率	提高	流入	升值
	降低	流出	貶值
生產者物價指數	提高	流入	升值
	降低	流出	貶值
消費者價格指數	提高	流入	升值
	降低	流出	貶值
零售物價指數	提高	流入	升值
	降低	流出	貶值
失業率	降低	流入	升值
	提高	流出	貶值
貿易收支	順差	流入	升值
	逆差	流出	貶值
利率	高	流入	升值
	低	流出	貶值
物價水準	逐漸提高	先流入再流出	先升後貶
央行買賣外匯	買入外匯	流入	升值
	賣出外匯	流出	貶值
外匯管制	增強		升值
	減弱		貶值

我們簡單解釋衡量通貨膨脹率的三個指標：「生產者物價指數」主要反應原物料的價格變化；「消費者物價指數」是反應消費者支付商品和勞務的價格變化；「零售物價指數」是反應在一段時間內，商品的零售價格變動趨勢和變動的程度，但不包括農業產品。

瞭解這三個指標的定義之後，我們再來看看這三者會如何影響該國的匯率走勢。

　　概括來說，如果社會的經濟發展迅速，個人的消費就會增加，一旦需求大於供給，就會導致物價普遍的上升，這些指標就會逐步上升，最後帶來通貨膨脹的壓力。而一國的政府為了抑制通膨，就會升息、提高利率；在該國的利率比起國外的利率高的時候，就會吸引外資湧入，進而帶動該國的貨幣升值。但如果該國的貨幣幣值連續升值好長一段時間，甚至於升過了頭，反而會影響該國上市公司的出口業績，進而造成股價下跌、股市衰退、經濟低靡。接著政府又啟動救市措施，或者是擴張性的財政政策，抑或是寬鬆的貨幣政策；也許該國央行還會讓該國的貨幣貶值拯救出口產業。如此週而復始，也就形成景氣循環。

- 通貨膨脹率＝（本期物價水平－基期物價水平）／基期物價水平
- 失業率＝（失業人口／勞動力）× 100%

貨幣政策，央行調控市場的主要工具

Q 貨幣政策是什麼？跟匯率有什麼關係呢？

A 所謂的貨幣政策，通常是由一國的中央銀行或者是貨幣管理機構，透過「調整利率」、「公開市場操作」和「控制貨幣供給量」等手段，以刺激或減緩經濟成長率，達到某些總體經濟目標。

　　所以要投資 ETF 之前，可以先參酌該國目前的貨幣政策的走向，就可以約略得知該國或該地區目前的經濟走勢是在景氣循環的哪一階段。如果該國還是在寬鬆的貨幣政策階段（例如還是處在降息循環），表示該國經濟仍有待進一步

的刺激，可以再加碼多些活絡市場的操作；自然而然，投資朋友可以站在多方、選擇正向的 ETF。而如果該國已經陸續實施緊縮性的貨幣政策（例如開始啟動升息循環），表示該國經濟已經回溫，甚至需要貨幣主管機關開始升息（甚至於升升不息），表示景氣有可能要過熱了，必須要陸續踩煞車。這個時候，投資朋友雖然不必立刻撤出股市或者是買進反向型的 ETF，但至少開始要有危機意識。

貨幣政策的優點是，它可以針對當時的經濟情況，及時因應調整；通常只要央行召開理監事會議、達到共識後，就可以公布實施。利用升息、降息來控制貨幣的供給量，固然是一種手段，但為了避免拿捏失當，通常央行或貨幣主管機構都會採取漸進式的調整措施。而公開市場操作，則是中央銀行經常運用的貨幣數量調控方式，透過公開市場買進或賣出有價證券，達到寬鬆或緊縮市場資金的目的，進而影響銀行體系的準備貨幣或短期利率。

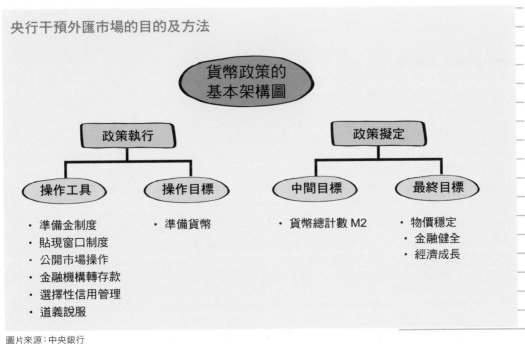

央行干預外匯市場的目的及方法

貨幣政策的基本架構圖

政策執行

政策擬定

操作工具
- 準備金制度
- 貼現窗口制度
- 公開市場操作
- 金融機構轉存款
- 選擇性信用管理
- 道義說服

操作目標
- 準備貨幣

中間目標
- 貨幣總計數 M2

最終目標
- 物價穩定
- 金融健全
- 經濟成長

圖片來源：中央銀行

而貨幣政策進一步地說，就是「利率」和「匯率」二者的調整；利率的部分就是升息和降息，匯率的部分則是牽涉到本國貨幣對於他國貨幣的升值和貶值。

　　舉例而言，當美國聯準會調整貨幣政策時（不論是升息或是降息），都會影響企業的營收和利潤；尤其是對跨國企業的影響更大，國際股市也會因此而隨之漲跌——當然身處其中的指數型、產業型的 ETF 就會有所變動。所以，瞭解該國的貨幣政策走向，就可以初步明白股市／產業為何而漲？為何而跌？而股市向來被稱為是經濟的櫥窗，當經濟問題改善之後，國家的經濟情況好轉，使得人民願意消費，那麼在股票市場上掛牌的公司，才有機會獲利；而企業一旦獲利，將促使股價上漲，進而讓大盤指數扶搖直上，相關的 ETF 也就長線看好。在景氣回溫、熱絡之後，物價就會開始慢慢上漲，政府因此而採取升息措施，提高利率以抑制蠢蠢欲動的通貨膨脹；然而利率一提高，也容易吸引熱錢投資、也有利於進口貿易，因此逐漸產生貿易逆差，而貨幣隨之升

貨幣政策及其影響

	寬鬆性貨幣政策	緊縮性貨幣政策
目的	提振股市與經濟	降溫股市與經濟
方式	・降息：調降聯邦基金利率（美國）／法定存款準備／重貼現率 ・增加貨幣供給量：政府利用公開市場操作，買入公債，釋出貨幣	・升息：調升聯邦基金利率（美國）／法定存款準備／重貼現率 ・減少貨幣供給量：政府利用公開市場操作，賣出公債，收回貨幣
影響	・股市熱絡 ・景氣回溫 ・物價上漲 ・利率上升 ・進口金額增加 ・貿易逆差 ・貨幣先升後貶	・股市降溫 ・景氣下降 ・物價下跌 ・利率下降 ・出口金額增加 ・貿易順差 ・貨幣先貶後升

值的結果，將會不利於出口產業；於是國家又為了刺激出口，只好採取干預措施，迫使貨幣貶值以救出口產業。

Q 既然利率會關係到市場資金的活絡性，進而影響市場，那麼匯率又是如何影響市場的？

A 在地球村成形之後，大多數的國家都不能只靠內需市場就可以提振經濟的；反之，靈活的進出口貿易政策，有時反倒會成為拉抬 GDP 成長率的功臣，因此，幾乎沒有一個國家的主政者敢忽略進出口貿易變化；甚至於，國與國之間還會因為貿易失衡而幾乎引發貿易戰爭，例如 2018 年由美國挑起、和中國大陸、加拿大、墨西哥甚至於 G6（七大工業國不含美國）之間的貿易摩擦，其導火線，就是美國嚴重的貿易逆差問題。而匯率的變動方向會影響到一國的經濟走勢，因為它左右了跨國企業的營收，進而影響這些企業的股價；因此，各國的央行都致力於控制一國的貨幣相對於他國貨幣在相對安全的價值區間範圍之內。簡單來說，如果該國的貨幣相對於貿易對手國是貶值，可以拉抬出口產業，而升值則有助於進口產業。我們可以解釋一下這當中的因果關係。

當本國的貨幣相對於貿易對手國的幣值是貶值時，商品賣到他國時，報價變便宜，比較會受到當地消費者青睞，銷售成績自然也會亮眼，出口值就會增多，這一增多也可以增加 GDP 的產值。但是，也因為貨幣貶值，購買力降低了，造成進口的原料和設備成本都會提高，這就是其不良的副作用。而貨幣的升值、貶值是動態的，不會一成不變；因此，在觀察景氣循環、決定買賣 ETF 時，自然也不能夠跳過匯率這項因素。

撒錢救經濟，救市最直接的財政政策

Q 什麼是財政政策？和投資 ETF 也有關係嗎？

A 財政政策也是政府調控經濟成長率的藥方之一。經濟低靡的時候，政府會實施「擴張性的財政政策」；景氣過熱時，就會採取「緊縮性的財政政策」。

所謂擴張性的財政政策，有人簡稱是政府撒錢救經濟：也就是政府透過增加「鐵公基」──鐵路、公路、基礎建設──的預算，啟動興建重大建設、擴大內需以振興經濟，也趁此增加就業機會，對於當年度的 GDP 有一定的拉抬作用。第二種是減稅，其作用是在增加民間的可支配所得；我們可以用數字來說明減稅的效果。如果去年你賺了 100 元，適用的稅率是 30%，所以要繳 30 元的稅，可支配的金額就剩下 70 元；如果政府調降稅率成為 15%，同樣的 100 元收入，只要繳交 15 元的稅，可支配的金額就會提高到 85 元。當民眾有更多的錢可以花用，消費力道（C）就會提高，工商企業就會加碼投資，趕工製造商品，以因應日漸熱絡的市場，於是投資金額（I）也會跟著日漸增加，自然就會達到提振經濟的效果。

緊縮性的財政政策也有二種。一種是「撙節支出」，政府將國家支出降低；另一種是「加稅」，這樣民眾可支配運用的金錢就變少、消費力道隨之削減，於是投資金額也會日漸減少，GDP 成長率也就會隨之降溫。

因此，當你看到政府又是大幅調高各種經濟建設的預算、又是用力的招商引資，甚至大幅調降各種稅率（例如營所稅、綜所稅）等，試圖刺激景氣復甦的措施逐漸出籠，那麼未來的景氣多半會逐步復甦，就可以逐步進場布局 ETF 了。除了追蹤大盤指數的 ETF 之外，那些會受惠於該國政府擴張性財政政策的特定利基型產業 ETF（例如生物科技、重點發展的電子產業等），也可以積極布局。

國家財政政策及其影響

	擴張性財政政策	緊縮性財政政策
目的	提振股市與經濟	降溫股市與經濟
方式	• 減稅：調降營業稅／所得稅／贈與稅／遺產稅等稅率 • 增加政府支出：推動公共建設→提高社會總需求→增加就業機會→物價逐漸上漲	• 加稅：調升營業稅／所得稅／贈與稅／遺產稅等稅率 • 減少政府支出：刪減公共建設預算→降低社會總需求→削弱就業機會→物價逐漸下滑
影響	• 股市熱絡 • 景氣回溫 • 物價上漲 • 利率上升 • 進口金額增加 • 貿易逆差 • 貨幣先升後貶	• 股市降溫 • 景氣下降 • 物價下跌 • 利率下降 • 出口金額增加 • 貿易順差 • 貨幣先貶後升

　　反之，一旦政府逐步推出緊縮性的財政政策（例如調高稅率），或者是為了轉型，於是對某些產業祭出高度管制的法令措施等（例如為了環保因素而關閉高污染的產業），遇到這些情況時，手上有相關 ETF 的人可能會面臨短期的跌價損失。

關心經濟數據，掌握長期趨勢

(Q) 對於投資人來說，想要知道各國的經濟數據會不會有點困難？有沒有一些方便的管道可以查詢得知？

(A) 關於這些重要的經濟數據，各國的財經部會都會按照既定的時程公布數據，投資朋友可以從各國的官方網站查詢資料，或者是透過臺灣的中文財經網站查詢相關的經濟數據，作為投資 ETF 的依據。而常見的財經網站中，例如中華民國統計資訊網（關於臺灣重要的指標）、鉅亨網（全球重要

國家或地區），都會定期公布重要國家的經濟狀況和指標，甚至會按照重要程度等級予以標記，因此對於想要做功課的投資朋友來說，有非常大的幫助。而在解讀這些財經數據之後，再來決定投資哪些 ETF，勝算自然大增了！

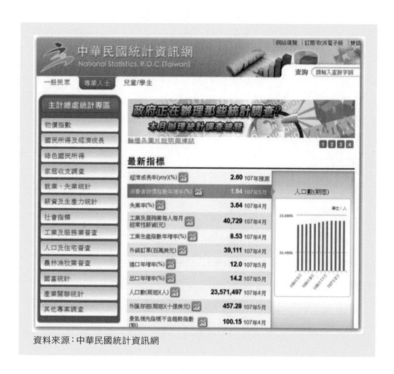

資料來源：中華民國統計資訊網

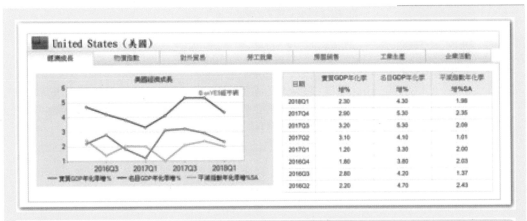

資料來源：鉅亨網

隨波逐流：
ETF 與技術指標的關係

哪一檔 ETF 才值得投資？特別是想要做波段、賺價差的投資人，該從何著手呢？這其實要參考各項技術指標來輔助自己進行判斷。這一小時，我們就來看看有哪些技術指標是必須瞭解和熟悉的。

單元
重點

・投資 ETF 想要做波段、賺價差的投資人，可以參考哪些技術指標？

・價量變化藏玄機，參考量能變化，提高投資 ETF 的勝率

・分辨多空走勢，可以從短中長期 MA 移動平均線的相對位置來解讀

價量變化藏玄機，參考量能變化投資 ETF

Q 投資 ETF 時，參考技術指標也會有助於進出場時間點的考量嗎？

A 大部分的人都有這樣的觀念，那就是技術指標的各種線、圖、型態可以讓投資人在短線找到進出場點（詳細技術指標的解說，請參考筆者另一本著作《3 天搞懂股票買賣最新增訂版》）。但是投資 ETF，也適合參考技術指標嗎？又有哪些技術指標值得學習參考呢？

要選擇一檔值得投資的 ETF，可以先從前一章節提到的「總體經濟指標」著手，知道現在是哪一個國家的前景相對看好，又是哪一個產業具有吸睛的效果。標的選定之後，如果你想進一步地找到理想的進場時間點，那麼，技術指標的確是有作用的。

市場上的金融商品，多半都會遵守「有量才有價」、「量先價行」的交易規律；個股是這樣，而由個股所組成的產業、

大盤指數也是如此；就連國際之間交易量最為龐大的外匯交易市場，也不脫這樣的交易邏輯。既然如此，那麼我們在投資 ETF 時，不論是追蹤某些產業型、大盤指數等，如果學會解讀價量之間的變化，在做波段、短線交易時，自然會增添勝算。

Q 如果是投資臺股相關的 ETF，關於量能的變化，有哪些觀念是需要注意的呢？

A 關於成交量，讀者朋友一定要明白：成交量重視的不是絕對值，而是相對值。成交量的高低，除了數值大小外，也要看指數所在的位置，以及參考過往一段時期的交易量才能作為判定的標準。

例如 2007 年底到 2008 年金融海嘯之前，臺股每天平均成交量大約在 3000 億左右，日平均也有千億起跳，那時的指數位置便在 9000 點以上。但是 2012 年在復徵證所稅之後，量能急遽萎縮，多半在千億以下；之後雖然又停徵證所稅，但是在諸多因素干擾之下，一直到 2018 年 7 月，雖然萬點指數已經站穩超過一年，量能卻多半在 1500 億上下，再也回不去當年的榮景了。換句話說，關於成交量約當要在多少才是安全的，沒辦法說出一個固定的數字而放諸四海皆準。

不過，若是在多頭轉空頭，或者是空頭轉多頭的時候，多半都會有一些轉折點的訊號產生，這時候再搭配成交量的變化，便會是個很好的進出場參考。一般認為，如果成交量陡升或陡降超逾日／週平均量的二成，都有可能是市場投資人的結構起了重大的變化──不是吸引散戶投資人瘋狂搶進，再不就是眾多投資人對於市場大失所望，逐漸退出市場不再交易。

例如，本來的日均量是 1000 億，突然降到 800 億以下，這種成交量降太多的情況，便可以視為是一個警訊。在退場

的資金中，有可能是外資把錢抽出去了（這個時候，你還可以看到新臺幣呈現貶值的態勢）；也有可能是內資投資人不願追買股票，把錢投資到別的地方或者是存起來。同樣的道理，如果看到某段時間的成交量開始放大，就要觀察這些資金是否是來自國際間的熱錢（短線新臺幣會驟升）？這些新進來的資金，又是追逐哪些少數的個股、集中在哪些產業？因為有人追、有人捧，股價才會上揚──這就是所謂量先價行，有量才有價的道理。

明白這些基本道理，要挑選哪些產業的 ETF，就不是難事了。

判斷「適宜」成交量的要點：
①必須同時觀察股價和交易量的變化。
②交易量的判定，要根據某段時期的相對數值，而非絕對數值。
③成交量驟降，是空頭來臨的警訊；成交量驟升，卻不必然是多頭來臨，最好參照總體經濟指標的走勢。

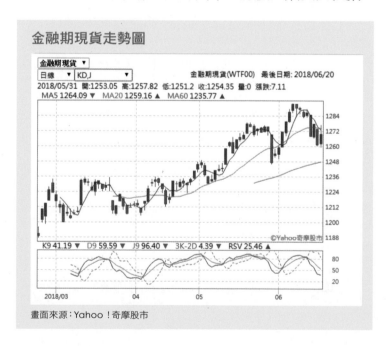

金融期現貨走勢圖

畫面來源：Yahoo！奇摩股市

電子期現貨走勢圖

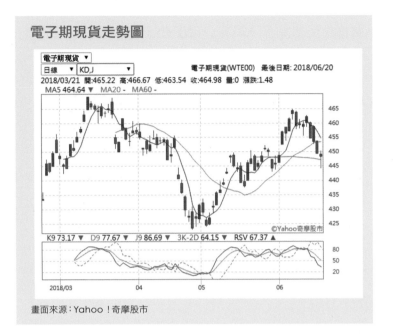

畫面來源：Yahoo！奇摩股市

歷年成交量

年度	成交量（億）		年度	成交量（億）	
	最低	最高		最低	最高
2017	461.04	2,335.51	2005	409.7	2,223.14
2016	302.07	1,238.22	2004	275.78	2,555.10
2015	402.56	1,686.37	2003	236.68	1,960.96
2014	393.35	1,537.92	2002	353.79	2,018.14
2013	392.94	1,225.40	2001	130.36	2,265.52
2012	408.32	1,719.12	2000	131.11	3,225.14
2011	526.78	2,027.10	1999	105.48	2,298.81
2010	658.2	2,032.98	1998	431.01	2,776.92
2009	337.27	2,453.17	1997	356.96	2,968.88
2008	238.37	2,718.48	1996	76.78	1,396.22
2007	649.25	3,220.03	1995	122.59	806.04
2006	501.7	1,897.88	1994	196.37	1,864.38

資料來源：goodinfo；資料日期：截至 2017 年 12 月 31 日

交易量大小，可以用來預測後勢的情況（以 2018 年 6 月臺股月均量約 1350 億來推估）

散戶退場　　　　正常交易量　　過熱，要注意　　　頭部，可能翻盤

空頭　　　　　　　　　　　　　　　　　　　　　　　　　　　　　多頭

700 億　　1300 億　　1700 億　　　　1900 億

 注意：交易量非絕對值，而是相對值！要注意那段時間前後的數據來調整。

多空走勢，從短、中、長期 MA 移動平均線相對位置來解讀

Ⓠ 什麼是「移動平均線」？「移動平均線」有什麼作用嗎？

Ⓐ 我們將過去一段時間內，取各個區間的收盤價（或是各個區間的平均值）所連成的線，就是「移動平均線」（Moving Average，MA）；按照其所選取的區間，又可以分成：年線、半年線、季線、月線或是週線等。

「移動平均線」是某個標的物（可以是指數，或者是某個產業）在一段期間內，投資人交易的平均成本，因此它會隨著每日該標的漲跌而有不一樣的數值，代表平均價格成本的變化及趨勢。透過這條平均線，可以用來研判未來價格走勢的方向。

我們以五日平均線（以 MA5 表示）為例，它就是計算五個交易日的平均價格，例如，第一天到第五天的平均價格；第二天到第六天這五日的平均價格，以此類推；每次都是摘取連續的五個價位。再把這些平均值描點成線，就是移動平均線了。也就是說，同樣是計算五個交易日的平均價位，但是因為每天的價格有漲有跌，所以就會影響平均數值，形成有高有低的走勢。

　　也因為移動平均線顯示出一段期間之內，投資人取得該標的成本的變化，讓投資人可以據此判斷未來該標的價格走勢。一般來說，移動平均線可以分為短期、中期、長期。短期移動平均線，大多取五日（或十日）平均線，稱為「週（雙週）平均線」或「週（雙週）線」；中期移動平均線大多為20 日移動平均線，又稱為「月平均線」或「月線」；另外還有 60 日移動平均線，稱為「季線」。長期移動平均線大多取 240 天之平均線，稱為「年平均線」或「年線」。

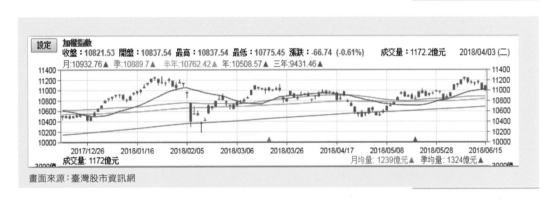

畫面來源：臺灣股市資訊網

移動平均線分類	計算的交易日長短	名稱
短期移動平均線	5 日平均線	週平均線或週線
	10 日平均線	雙週平均線或雙週線
中期移動平均線	20 日移動平均線	月平均線或月線
	60 日移動平均線	季線
長期移動平均線	240 日移動平均線	年平均線或年線

Ⓠ 如何透過移動平均線來判斷 ETF 的進出場訊號呢？

Ⓐ MA 移動平均線有很多用途，主要用在識別趨勢，以及確認阻、壓力價位和支撐價位。五日均線（MA5）代表週線，20 日均線（MA20）代表月線，60 日均線（MA60）代表季線，

120 日均線（MA120）代表半年線，透過短天期線和長天期線的消長方式，我們可以推估 ETF 的進出場訊號。

訊號❶：多頭排列 & 空頭排列

如果 MA5 同時滿足大於 MA20、MA60、MA120 時，代表此時為多頭走勢（如下圖右側紅色大框）；如果 MA5 同時小於 MA20、MA60、MA120 時，代表此時為空頭走勢（如下圖左側紅色小框）。

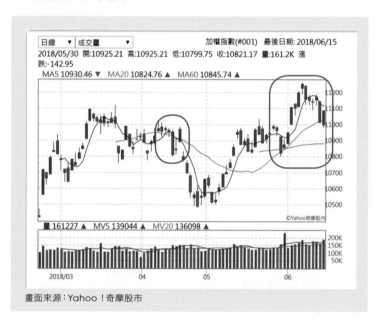

畫面來源：Yahoo！奇摩股市

訊號❷：黃金交叉 & 死亡交叉

- 短天期均線由下往上突破長天期均線，稱為「黃金交叉」，為多頭進場訊號（如 P.127 上圖右側紅色大框）。

- 短天期均線由上往下穿過長天期，稱為「死亡交叉」，為空頭賣出信號（如 P.131 上圖左側紅色小框）。

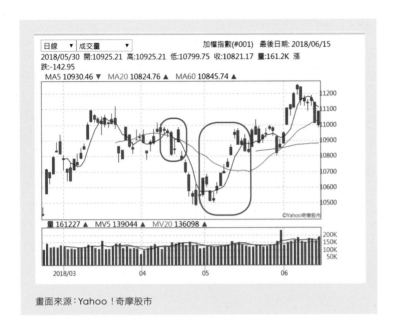

畫面來源：Yahoo！奇摩股市

☆ 黃金交叉為買進訊號

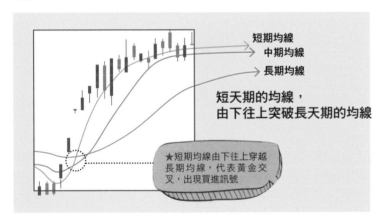

短期均線
中期均線
長期均線

短天期的均線，
由下往上突破長天期的均線

★短期均線由下往上穿越長期均線，代表黃金交叉，出現買進訊號

☆ 死亡交叉為賣出訊號

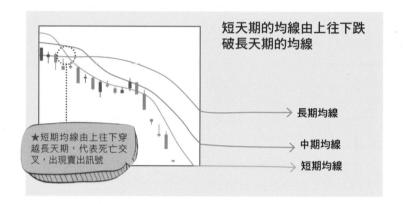

短天期的均線由上往下跌
破長天期的均線

→ 長期均線

→ 中期均線

→ 短期均線

★短期均線由上往下穿
越長天期，代表死亡交
叉，出現賣出訊號

 MA 指標訊號圖如何判斷進出場訊號？

進場訊號	觀察日指數收盤價 > MA20、MA60、MA120
出場訊號	觀察日指數收盤價 < MA20、MA60、MA120

多空指標 1：KD 隨機指標

Q 有沒有什麼指標，可以觀察股市的熱絡情形？

A 在技術分析中，不少投資人會使用 KD 值來觀察目前市場買賣雙方的交易熱絡程度。當股市處於多頭時，收盤價往往接近當日最高價；反之在空頭時，收盤價比較接近當日最低價。所以 KD 值的意義，就是反映某檔標的收盤價在一段時間中，價格區間的相對位置。

Q 如何利用 KD 值研判進出場時機？

A KD 線可說是移動平均線的延伸，因為移動平均線只以收盤價來計算平均成本，但 KD 線則除了收盤價之外，還有

最高價與最低價，對於短期測試市場趨勢，KD 線會更靈敏。如果行情是一個明顯的漲勢，將帶動 K 線與 D 線共同向上走升。

通常 KD 值在 80 以上被視為「超買區」（如下圖右側紅色大框），這時候短線交易的投資人就要注意賣點；當 KD 值在 20 以下則視為「超賣區」（如下圖左側紅色小框），這時候短線交易的投資人就要注意買點。

此外，一般認為，當 K 值大於 80、D 值大於 70 時，表示當日收盤價是偏高的價格帶，因此是超買的狀態，可以伺機找賣點，或是買進反向 ETF；當 K 值小於 20、D 值小於 30 時，表示當日收盤價是偏低的，是超賣狀態，可以伺機找買點，做多 ETF。

當 D 值跌至 15 以下，表示市場可能過度恐慌，該標的被嚴重超賣，通常這是做多訊號；當 D 值超過 85 以上，表示市場是處於過熱狀態，投資人缺乏理性，是嚴重的超買現象，這時候反倒不宜跟隨買進，而是出場訊號了。

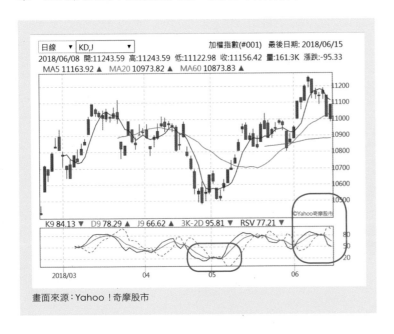

畫面來源：Yahoo！奇摩股市

D 值 > 85	市場過熱	賣出
K 值 > 80，D 值 > 70	超買	找賣點
K 值 < 20，D 值 < 30	超賣	找買點
D 值 < 15	嚴重超賣	買入

「背離」，是指股價和技術分析指標呈現不一致的狀態。

「高檔」，是指股價處於相對高價區域時。當股價創新高，但是某項技術分析數值卻沒有跟著創新高，即為「高檔背離」。

「低檔」，是指股價處於相對低價區域時。當股價創新低，但是某項技術分析數值並未跟著創新低的時候，即為「低檔背離」。

Q 如果單純只以 KD 值作為指標，可信度是高還是低？

A 對於交易熱絡的標的，通常 KD 值反應較為敏銳，買賣訊號出現較頻繁，但是有時候瞬間即逝，不容易拿捏得準，建議投資朋友還是應該與其他指標一起使用來提高準確性。至於交易冷淡的個別標的，KD 值就不適用了。

Q 除了黃金交叉和死亡交叉，KD 值是不是也會有背離情況？該如何解讀？

A 是的，KD 值發生背離時，就是趨勢反轉的徵兆。當某個指數價位突破某一個高點，但 KD 指標卻沒有出現更高，反而比前一波的高點還低，即為背離；另一種情況是 KD 值雖然突破前一波的高點，但指數卻是下跌趨勢，也是一種背離現象。背離還分二種情況，一種是高檔背離，另一種是低檔背離。

高檔背離的情況是指數創新高時，K 值卻沒有跟著創新高，這時候投資朋友應該準備賣出 ETF，或者是買進反向型 ETF；而低檔背離的情況是指數創新低時，K 值卻沒有跟著創新低，這時投資朋友可以逢低買進，進場撿便宜。

高檔背離	賣出 ETF or 買進反向型 ETF
低檔背離	買進 ETF

多空指標 2：MACD 指數平滑異同移動平均線

Q 要判斷標的指數的多空走勢，是不是也可以使用 MACD 指標？

A MACD 具有確認中長期波段走勢的功用。MACD 的原理是以「長天期移動平均線」（慢線：MACD）作為長期的走向，以「短天期移動平均線」（快線：DIF）作為短期趨勢的參考。

以短天期（快線：DIF）移動平均線減去長天期（慢線：MACD）移動平均線，就會得到「DEF」數值，通常以柱狀體顯示。

 短天期移動平均線－長天期移動平均線＝ DEF 數值

DEF 的數據在水平線（零軸）以上為正值，水平線（零軸）以下為負值。因此，MACD 線圖會顯示三種數據：DIF 線、MACD 線，以及 DEF 柱狀圖；當「快的移動平均線」與「慢的移動平均線」二者交會時，代表趨勢已經發生反轉；至於 DEF 柱狀的部分，如果正負值交替，也是趨勢反轉的表象。

Q 那麼如何從這樣的線圖看出多頭和空頭的趨勢？

A 當 DIF 線、MACD 線以及 DEF 柱狀圖都位在水平線（零軸）以上，就代表指數正處於多頭時期（如 P.132 圖片右側大框）；當 DIF 線、MACD 線、以及 DEF 柱狀圖都位在水平線（零軸）以下，就代表指數正處於空頭時期（如 P.136 圖片左側小框）。

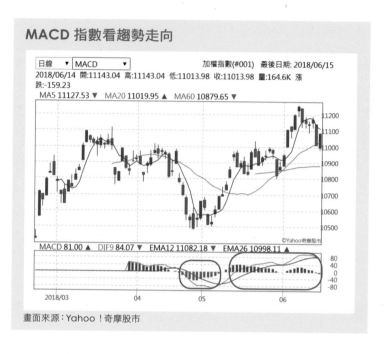

畫面來源：Yahoo！奇摩股市

　　一般來說，當 DIF 線由下往上穿越 MACD 線時，代表短期漲勢優於長期漲勢，繼續上漲的機會比較高，這就是「黃金交叉」，投資朋友可以在此時尋找買點進場做多 ETF。相反地，當 DIF 線由上往下穿越 MACD 線時，代表短期漲勢劣於長期漲勢，指數繼續下跌的機會較高，這就是「死亡交叉」，投資朋友這時候就不宜再做多 ETF 了。

 MACD 指標訊號圖，如何判斷進出場訊號？

MACD 指標多頭訊號	當 DIF > MACD
MACD 指標空頭訊號	當 DIF < MACD

備註：MACD 是用來確認指數中長期走勢的指標

(Q) 使用 MACD 指標有沒有需要注意的事項？

(A) MACD 指標是常用的技術分析指標之一，不過，MACD 所呈現的趨勢，往往在標的指數已經漲了一小段或跌了一小段後才開始反應，是屬於確認指標而非預測指標；另外，MACD 呈現的買賣點也不夠即時，而且難以預測高低點，尤其遇到盤整時更是使不上力。

　　所以，要使用 MACD 這項指標，最好還是搭配其他技術分析指標一起使用，才能夠抓住波段中的高點和低點。

觀念速解

盤整

股價有漲有跌，但是漲勢或跌勢的趨勢不明確時，稱為「盤整」。

善用 RSI 相對強弱指標，找短期最佳進出點

(Q) RSI 相對強弱指標是不是也具有判斷多空走勢的功能？

(A) RSI 相對強弱指標，它計算某一段時間內買賣雙方力量，也就是說以一段時間的平均收盤漲跌幅度來分析市場的走向，得到的數值用來作為超買、超賣的參考。

(Q) 如何解讀 RSI 相對強弱指標？

(A) 通常 RSI 所使用的參數（基期天數）也會影響數值結果，如果設定的時間太短，RSI 指標就會太敏感；如果設定的時間過長，則會顯得遲鈍。因此，多數軟體會選定 5 日、10 日、20 日來當作參數，投資朋友也可以自行更改所使用的參數（基期天數）。

觀念速解

參數

技術分析的種類繁多，每一項指標的參數也不盡相同。「參數」，可能是時間、股價，或是成交量。只要是技術分析公式中的變數，都可以當作參數。

　　RSI 相對強度的數值在 0 ～ 100 之間，數值愈高，表示買氣愈旺；數值愈低，表示標的指數乏人問津。一旦標的指數處於極端的情況，例如當趨勢極端多頭、全面連續上漲時，將導致 RSI 趨近上限 100；反之，將導致 RSI 趨近下限 0。

重點

RSI 數值高 → 買氣旺

RSI 數值低 → 買氣差

Ⓠ 以 RSI 指標為例，它的進出場訊號又是如何？

Ⓐ 當 RSI 數值低於 20，代表指數處於超賣情況，有反彈契機，投資朋友可以逢低搶進，做多 ETF；當 RSI 數值介於 20 到 80 之間，屬於正常交易情況；當 RSI 數值超過 80，就表示指數已經有超買現象，隨時會反轉直下，做波段的投資朋友應該擇機出脫該標的 ETF。

RSI 數值 < 20	逢低搶進，做多 ETF
RSI 數值介於 20 到 80 之間	正常交易狀況
RSI 數值 > 80	擇機出脫該標的 ETF

Ⓠ RSI 指標設定有不同的基期天數，有什麼用處嗎？

Ⓐ 一般來說，當短天期的 RSI 均線在 20 附近，由下往上穿越長天期的 RSI 均線時，就代表指數最近有連續性的漲幅，這時候就是買進、做多 ETF 的訊號；相反地，當短天期的 RSI 均線在 80 附近，由上往下穿越長天期的 RSI 均線時，就代表指數開始下跌，這時候就是短線獲利了結賣出 ETF 的訊號。

另外，我們也可以利用 RSI 觀察是多頭還是空頭的行情。例如 5 日 RSI > 10 日 RSI > 20 日 RSI，顯示市場是處於多頭行情（如 P.139 圖片右側大框）；反之則為空頭行情（如 P.139 圖片左側小框）。這一點和 MA 移動平均線很類似。

Ⓠ 如果指數有反轉跡象，RSI 指標將如何呈現？

Ⓐ 當指數從超買區急速掉落到 30 左右，或者當指數急速拉抬到 70 左右，這就是強烈又明顯的反轉信號。

因為 RSI 的理論基礎是建立在漲幅和跌幅上，因此，RSI 發生背離的情況也會是一種反轉信號。例如指數創新

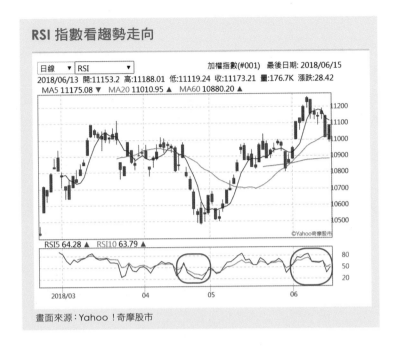

RSI 指數看趨勢走向

畫面來源：Yahoo！奇摩股市

高，但是 RSI 卻沒有創新高，就表示漲勢後繼無力，投資朋友可以開始尋找賣點；或者指數創新低，但是 RSI 卻沒有創新低，就表示已經跌夠了，可能要開始反轉，投資朋友可以準備進場做多 ETF。

但是，RSI 指標也會有鈍化現象，當股市大漲或是大跌時，RSI 值會進入超買區和超賣區，即使價位持續大漲或是大跌，但 RSI 指標卻只有微幅增加或減少。因此在極端的牛市或是熊市中，RSI 指標是不適用的。

 如何從 RSI 指標訊號圖判斷進出場訊號？

RSI 指標進場訊號	RSI（5 日）> RSI（10 日）
RSI 指標出場訊號	RSI（5 日）< RSI（10 日）
RSI 指標不適用於	極端的熊市或牛市

總而言之，重大經濟數據的公布，經常會帶來股票市場的行情波動。市場預期對於價格的影響，往往大過實際情況，所以投資人不只要關心基本面，在技術面上，許多技術指標同時搭配使用，輔助量價關係，才能尋找波段最佳買賣點。

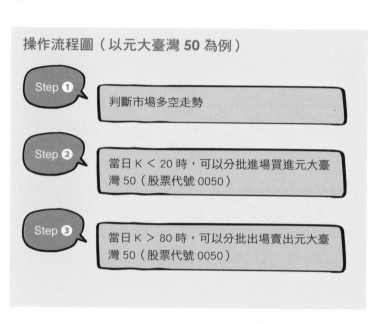

操作流程圖（以元大臺灣 50 為例）

Step ❶　判斷市場多空走勢

Step ❷　當日 K < 20 時，可以分批進場買進元大臺灣 50（股票代號 0050）

Step ❸　當日 K > 80 時，可以分批出場賣出元大臺灣 50（股票代號 0050）

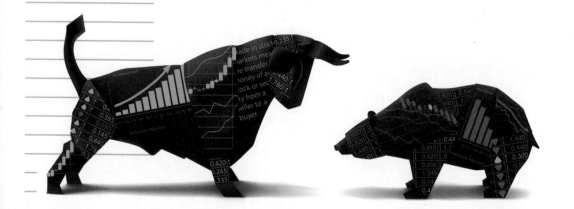

心動也要
行動！

今天是 ＿＿＿ 年 ＿＿ 月 ＿＿ 日

我想投資的項目是 ＿＿＿＿＿＿＿＿ ，代號是 ＿＿＿＿＿

想買的原因是：

今天是 ＿＿＿ 年 ＿＿ 月 ＿＿ 日

我想投資的項目是 ＿＿＿＿＿＿＿＿ ，代號是 ＿＿＿＿＿

想買的原因是：

單筆＋定期定額，
投資 ETF 攻守合宜、進退有據

跟投資基金一樣，除了單筆投資之外，投資 ETF 的新方式是 1000 元就可以開始定期定額；團購 ETF 將是小資男女累積財富的新工具！

單元
重點

· 1000 元開始定期定額，團購 ETF
· 定期定額投資 ETF 的四大優點
· 定期定額投資 ETF 的五大注意事項
· 混搭投資 ETF，報酬率再升級

投資 ETF 新方式：1000 元開始定期定額，團購 ETF

Ⓠ 投資 ETF，一定要單筆嗎？也可以定期定額投資嗎？

Ⓐ 以往 ETF 都在證交所或者是櫃買中心掛牌，交易方式就像股票一樣在盤中買賣，所以投資朋友都習慣看準趨勢之後，單筆買進。但是金管會、證交所已於 2017 年元月 16 日開放可以「定期定額買股票」，方便小資族也可以從容進場。不必像以往一樣，必須存錢苦等到存夠了，才能買進自己心儀的股票；現在，手上存有多少錢，做好功課，就隨時可以投入多少去買股票，要賺進第一桶金的機會也愈來愈大了。

而除了可以定期定額買進股票之外，同樣在交易所掛牌的 ETF，自然也是券商提供服務的主軸。現在，投資朋友已經可以開始定期定額布局買進 ETF，讓自己的資產配置更加多元。目前各大券商開辦定期定額買進 ETF 熱門的標的範圍非常廣泛，除了包含眾所周知的臺灣 50ETF（股票代碼 0050）與臺灣高股息 ETF（股票代碼 0056）之外，關於連結美股、陸股或黃金 ETF 的定期定額扣款等，也都包含在內。

Ｑ 定期定額投資 ETF，和定期定額投資基金有什麼不同嗎？

Ａ 定期定額買進基金的交易策略，早就是大家耳熟能詳的長期投資方式。但是，很多投資朋友還是會想問：「什麼時候開始定期定額投資比較好呢？」或者是：「每次要投資多少錢比較好？」以及「每個月的什麼時候扣款比較好？是月初、月中，還是月底呢？」特別是像臺股指數上萬點已經超過一年了，很多投資朋友不免擔心，指數都那麼高了，現在去買進股票，風險很高吧？就連要定期定額扣款買進股票，也會懷疑會不會住進高檔套房呢？

投資朋友會這樣擔心是很正常的，畢竟大盤的指數愈高，代表有愈來愈多的股票價格已經在相對高點，未來會面對的跌價空間，相對也就愈大。如果你是想用單筆資金進場投資，有這樣的風險意識是有道理的；但如果你是想要用定期定額的方式投資股票或者是 ETF，萬點指數不敢進場的心理，倒是需要討論、修正一下。

定期定額其實是與銀行「零存整付」方式相類似的一種投資模式。這種投資模式有「固定時間」與「固定金額」二大重點，也就是投資朋友透過自動扣款機制，在每月的固定時間（通常是搭配我國領薪水的時間點，就是領薪水的隔天扣款，在每個月的 6 日、16 日、26 日），從銀行帳戶中直接代扣一定金額，投資於預先指定的標的上。所以簡單來說，定期定額可說是一種「儲蓄」兼「投資」的理財方式。

這種理財方式的特色，是投資朋友每月投入固定的資金並不需要考量市場行情如何波動以及煩惱最佳的購買時點。當標的個股或 ETF 的股價上漲時，投資朋友買到的單位數比較少；相對地，在標的個股或 ETF 的股價下跌時，投資朋友買到的單位數就會比較多。

因此，定期定額投資 ETF 與定期定額投資基金，都是透過紀律性的投資來降低市場的循環波動對資產帶來的衝擊。特別是在如今變化快速的市場，常常會因為某些黑天鵝

事件（例如美國現任總統川普的不按牌理出牌、民粹主義盛行地所選出來的政府，因而帶來不可預測的政策等），而造成某些財政政策或貨幣政策失靈，使得市場在短期面臨大幅度的動盪等。小資男女在缺乏研究資源而且時間有限的情況之下，選擇「選市不選股」被動投資方式的 ETF，再加上以定期定額的策略進場，將大大地提高勝率。再以長期來看，你覺得挑對「一檔股票」、「一檔基金」比較容易？還是挑對「一整個市場」比較容易？如果你是選擇最後者，那麼 ETF 將是你的首選！

除此之外，目前定期定額投資股票或 ETF 的最低門檻只要 3000 元，甚至有些券商還提供投資 ETF 最低金額可降至 1000 元，非常適合小資男女及一般上班族一起來「團購」ETF。透過每月固定扣款，不管市場漲跌，不必費心選擇進場時機，運用長期平均法降低成本，因此又被市場專家稱為「懶人投資法」或是「傻瓜投資術」。透過這種積少成多的方式，輕鬆完成未來人生各階段不同的財務需求。

定期定額投資 ETF 的四大優點

(Q) 定期定額投資 ETF 還有什麼優點呢？哪些人適合定期定額投資 ETF？

(A) 「定期定額」可以說是基金投資市場中最流行的一種方式，現在也可以引用到投資 ETF 了。然而，為什麼它會如此受到投資專家的鼓勵及推薦？這是因為它具有以下四大優點：

❶ 透過「平均成本法」，可以避免「追高殺低」的人性弱點

正由於這種購買 ETF 的方式，是採取「每月固定金額、固定時間買進」的方式，不論市場行情如何波動，每個月在固

定的某一天投資 ETF，由券商透過銀行自動圈存、扣款，自動依指定日期統一買進 ETF 的價位，計算每位定期定額投資朋友可買到的單位數。

當市場上漲、ETF 價格也跟著上揚時，投資朋友所買到的單位數較少；而當市場回檔、ETF 價格也跟著下跌時，投資朋友就可以買到較多的單位數。如此以「低多買、高少買」的反向操作原則長期投資，自然可以平均投資成本並降低投資風險。我們可以下表來說明，不管是多頭或空頭市場，定期定額投資 ETF 的成本，在一段時間之後，都會低於市場的平均價格。

平均成本法

每月投資金額	ETF 的價格與淨值上漲時（多頭市場）		ETF 的價格與淨值下跌時（空頭市場）	
	單位價格（元）	申購單位數	單位價格（元）	申購單位數
$5,000	$10	500	$20	250
$5,000	$12	416.67	$18	277.77
$5,000	$13	384.62	$18	277.77
$5,000	$15	333.33	$17	294.11
$5,000	$16	312.50	$16	312.5
$5,000	$18	277.78	$15	333.33
合計單位數		2224.9		1745.48
平均市價	（10 ＋ 12 ＋ 13 ＋ 15 ＋ 16 ＋ 18）÷6 ＝ 14		（20 ＋ 18 ＋ 18 ＋ 17 ＋ 16 ＋ 15）÷6 ＝ 17.33	
平均單位成本	30000÷2224.9 ＝ 13.48		30000÷1745.48 ＝ 17.19	

❷ 小錢積大富

投資朋友採用定期定額投資 ETF 的方式，除了不必費心思考慮進場時機外，也不需要一次拿出大筆資金，每個月最低只要 1000 元就可以開始投資，完全不會造成財務負擔，是

一種「小錢」也能致富的方式之一。

❸ 愈早開始，愈覺省力

為什麼呢？其實是天才物理學家愛因斯坦都說過的「世界上最強大的力量是複利」的具體展現。例如小陳 20 歲起就每月定期定額投資 5000 元買進 ETF，假設以多頭平均年化報酬率約 12% 為例，投資六年之後就不再扣款，使本金與獲利一路成長。到小陳 60 歲要退休時，本利和已達 2570 萬元。

另一位小李 27 歲才開始，同樣每月投資 5000 元，「每年」都是 12% 的年報酬率（這是相當不容易的）；但到他 60 歲時，也才累積到 2584 萬元；可是他卻整整花了 34 年的時間持續扣款。可見得愈早開始投資，投資朋友不僅財務負擔愈小，連報酬都會更加可觀。這是因為「時間」就是投資朋友累積財富的最大幫手。

❹ 有紀律的投資、強迫儲蓄，且可透過時間複利方式「利上滾利」

定期定額投資 ETF 的方法，其實很類似銀行定存中的「零存整付」的概念。透過這種「強迫儲蓄」的模式、長久以往、持之以恆，可以期待產生非常大的累積財富效果。

若以預期報酬率 15% 來試算，假設每月以定期定額投資 5000 元，五年後本金加上獲利就可達到 44 萬元；十年後更可達到 137 萬元。而隨著投資時間及投資金額不斷累積，長期投資的複利效果，確實有很大機會完成每個人的各項理財目標。

正因為定期定額具有「平均成本」的優點，透過定期定額投資 ETF，不需要特別考慮進場時點，因此最適合隨時隨地想要進場投資，而且對投資並不是非常在行的投資朋友。

INFO 每期扣款金額投資 ETF 該設定多少？

投資朋友可以根據以下二點原則來設定：

① 一定要輕鬆、沒負擔：投資朋友應該先分析自己每月收支狀況，計算出固定能省下來的閒置資金，只要符合券商所規定的最低門檻（1000 元或 3000 元）就可以了（但還是要注意一下最低手續費的收費門檻）。如果為了多扣款而影響了生活水平或其他投資計畫，反而是本末倒置。

② 用「倒推法」設定：舉例來說，目前 35 歲的投資朋友，打算 60 歲退休後，每個月過著相當於現值 3 萬元生活費的水準。以平均年通膨率 3.5% 計算，屆時大約需要總額 1100 萬元的退休基金。再以年平均報酬率 15% 反推計算，每月的投入金額大約是 3300 元。

INFO 定期定額買進 ETF 的投資流程

一般券商都需要以下的流程（最終還是要以讀者開戶的券商規定為準）：

① 簽署契約書：在投資之前，需要先簽署「定期定額買賣有價證券契約書」，簽署有分成臨櫃跟透過電子交易平臺兩種方式。
- 親洽證券公司辦理：申購人必須攜帶身分證（或身分證影本）、扣款銀行原留印鑑、扣款銀行存摺，到證券公司填寫「定期定額契約書」。申購人如果未滿 20 歲，還必須另外附上戶口名簿，以及法定代理人的印鑑（端視各券商規定）。
- 網路辦理：現在也可以在該證券公司的電子交易平臺線上簽署，省去舟車勞頓之苦。

② 約定定期定額買進，內容包括：
- 投資標的 ETF
- 投資金額
- 指定買進日期（大多數都是每月的 6 日、16 日、26 日三個交易日）

定期定額投資 ETF 的五大注意事項

Q 想要「定期定額」投資 ETF 獲利，應該注意哪些事項（原則）？

A 定期定額投資 ETF，可以有小資集大利的好處，但還是有些地方需要留意的，我們先以投資臺股 ETF 來說明：

⭐ 需要注意臺股手續費的問題

臺股券商多半設有單筆最低手續費 20 元的限制，如果投資朋友選擇每月只扣款 5000 元的話，手續費乘以千分之 1.425，只有 7.13 元，低於券商的最低手續費門檻 20 元，所以你得

要付出 20 元、而不只是 7.13 元而已；換算下來，手續費率高達千分之 4。

⭐ 投資市場的選擇，最好具備一定程度的「波動性」

由於定期定額必需長期投資，才能夠看得出績效，所以在投資標的市場的選擇上，投資朋友不妨選擇連結標的市場的波動幅度較大、處於相對低檔的市場；或是波動幅度大，但是中長期成長趨勢明顯的地區 ETF 為主。這是因為如果 ETF 投資標的之波動性太小（例如某些成熟國家的 ETF），可以降低「平均成本」的助益就不大，再加上定期定額還是有手續費等成本，長期定期定額投資 ETF 下來，不一定能賺到多少錢。

然而，適合定期定額的 ETF，波動性也不能太大。這是因為當該市場的波動率太大時，投資朋友很容易因為虧損而停損「出場」，中斷了應該繼續定期定額投資的規律，那麼等到行情反轉向上，就失去了收割的機會了。

當然，也有另一派的說法，認為應投資在波動性較高的 ETF 上，這樣長期下來可以預期有較高的收益。不論採取哪一種投資策略，應該要配合個人的理財計畫再做選擇。舉例來說，假設預定投資的年限是屬於中短期（約 1～5 年），最好選擇較平穩的地區；如此一來，預期的收益較不會偏離個人的期望太遠，也不會讓自己的資金調度出了問題。

但如果預定投資的年限是屬於中長期（約 5～20 年），則可以選擇波動性較大、屬性較為積極的地區，例如新興市場的一些國家，比較能夠滿足這些特色。這是因為該國股市長期走勢仍是漲多於跌，除了能在低點時累積較多的單位數外，風險性較高的地區投資報酬率，也比較容易優於風險性較低的地區；再加上利用定期定額投資已經避免掉了單筆投資高檔套牢的風險，所以如果可以做到投資時間較長的話，甚至可以考慮選擇波動性較高的產業型 ETF。

INFO 債券型 ETF 就不適合「定期定額投資」嗎？

一般來說，定期定額投資債券型 ETF 的優勢，是取代銀行「零存整付」的功能，藉由每月固定投資 3000 元、5000 元的方式，達到強迫儲蓄的目的。因此，可以讓無法一次拿出一筆錢的投資朋友，擁有更便捷及有效率的管道進行儲蓄兼投資。

此外，債券型 ETF 因為具有隨時可以出脫的靈活性，不像銀行定存解約時，利息還必需打折給付。以上這些優勢，使得債券型 ETF 成為同時擁有可能類似定存般較高的投資報酬，又能兼具類似銀行活存般提領便利性的投資工具。

更重要的是，雖然債券型 ETF 的波動率，比股票型 ETF 來得低，但是部分波動風險較高、與股市連動性較高的債券型 ETF（例如高收益、新興市場債券等），投資朋友仍然可考慮採取「定期定額」的方式介入，以便享有攤低平均成本的好處。

☆ 投資 ETF 其實隨時都可以進場，但最好是要能夠「長期」投資，也就是至少要投資 3 年、5 年以上

由於沒有人能看得精準投資的最佳時機，再加上定期定額投資有「強迫儲蓄」及「平均成本」的優點，所以，只要所選擇的地區沒有問題，基本上任何時間點都可以是定期定額的進場點。

只不過根據統計資料顯示，定期定額投資時間最好在五年以上，比較能夠擁有令人滿意的報酬率；也就是說，定期定額的投資效益一定要把時間拉長，才能充分突顯它的功效。而一般投資朋友只要選對地區、投資時間夠長，定期定額投資 ETF 的報酬率是可以令人滿意的。

就以臺灣股市過去走勢來看，即使投資朋友是在歷史相對高點的 1 萬點附近，才開始進行定期定額投資 ETF，其效果也不會太差。純以加權股價指數表現來計算，持續扣款投資七年之後，仍然可以替投資朋友創造出超過 38% 的獲利。換算成複利，等於每年報酬率仍有 9% 左右。不過，假設投資朋友是在高點「單筆投資」，就算時間超過七年，累計還是虧損了 40% 以上，由此就可以看出「長期」定期定額投資的驚人優勢。

長期投資 ETF 還有一個優點，就是可以規避掉某些短

線、單一事件的影響。因為任何一個市場都會有景氣循環、上下波動起伏，但長期來說，如果市場的趨勢仍然是呈現向上的局面，那麼定期定額投資 ETF 正好可以達到攤平投資成本的優勢。所以定期定額投資 ETF 最好可以設定至少三年以上的投資期間（少數波動較大的市場，甚至應該在五年以上），才可以徹底發揮「定期定額」的效益。

特別是長期性的資金需求來源，最適合用定期定額的方式來籌措。所以，人生最重要的長期財務需求（例如購屋、退休、籌措子女教育基金）、中期財務需求（例如留學、買車、進修等），都可以利用定期定額投資 ETF 的方式來達成。

但要提醒投資朋友注意的是，要在某項財務需求到來前的半年，就要開始注意賣出的時機點；如此從容地買進與賣出（既然單位數是分批累積，也可以視情況分批賣出 ETF），滿足各項財務目標的效果應該會更好。

正由於定期定額投資的複利效果，需要時間夠長才能夠充分展現，所以投資朋友最好不要看到市場短線波動過大就隨便終止投資。只要市場的長線前景看好，市場的短期下跌反而是累積更多單位數的時機；等到市場反彈，長期累積的單位數就可以讓投資朋友慢慢收割成果了。

☆ 定期審視投資狀況，並且適時進行調整

定期定額投資雖然適合「懶人」，但仍須每半年檢視投資市場的表現、淨資產的變化，避免錯失了最佳賣點。

☆ 多頭時，高點停利、贖回不停扣。空頭時，若是標的市場沒有太大問題，低點可以不停損、逐步累積單位數；等到市場反彈，再來視情況評估後續的策略

不管你是把這檔 ETF 當作核心部位或是衛星部位，都可以將部分資產預先設定「停利點」，只要滿足條件，就立刻賣出該筆部位。

此外，除非所投資標的市場的未來前景持續看空、完全沒有前景可言，否則不建議中途停扣，應該持續扣款來攤平成本。因為我們就是無法預期未來的前景如何，所以才要採取持續定期定額的扣款。一來可以在市場呈現空頭時，攤低成本，等待未來行情反轉時可以獲利（所以當達到停利點時，你也要停利，免得只是空頭的反彈，讓你的財富「春去春又回」，又回到原點）。二來在市場處於多頭時，可以藉由停利點的設置，逐步往上獲利了結。

Q 如果獲利了結之後，要如何處理這筆資金呢？

A 在停利、取回資金之後，如果沒有繼續投資原來的標的市場，接下來要考慮的，是應該要如何處理這筆資金才會更有效率呢？花掉？當然可以！畢竟理財的目的，就是要讓自己過更好的日子。但若還打算繼續投資的話，你得要找尋另一個值得投資的標的。萬一暫時找不到比之前停利賣出還要來得更好的標的市場，該怎麼辦？建議你可以暫不賣出，仍然繼續扣款。這時候，如果 ETF 繼續上漲，當然在達到每個停利點之後，還是得要賣出；但是，如果該檔 ETF 開始反轉向下，那麼，這時候的停損點又要怎麼設呢？

在此推薦一種可以較大化我們獲利、而且藉由使停損點隨著獲利移動而有效降低風險的方法。

例如，我們一樣先設定停利、停損點是 20%，當我們到達這設定的利潤後（20%），發現該標的的趨勢仍然向上，這時可以選擇部分賣出，或者暫時不賣出。如果選擇暫不賣出，接下來，我們可以將往後的停損點比例減少一半（就是由 20% 減為 10%）。如果 ETF 繼續上漲，獲利到達第二階段（比方說 40%）時，我們仍然不賣出，但是將停損點的比例再減為一半（現在是由 10% 變成 5%）。

換句話說，面對驚驚漲的格局，我們的膽子是愈來愈小，只要稍有風吹草動，我們就真的要「停損」了（不過事

實上我們卻是獲利的，而且比之前一開始就停利時，擁有更高的獲利率）。如此一來，我們的獲利可以增加，但是風險卻也會減少。

這裡要特別提醒讀者的是，當我們把停利點「暫時」取消時，千萬不要也取消停損點。這樣才可以持盈保泰，真正賺到錢。

還是要再提醒投資朋友的是，定期定額投資 ETF 要能夠有豐厚的獲利，通常得要歷經一段「微笑曲線」，也就是要經過該地區的股市下跌段再到回升段，才能夠享受到低檔多累積單位數的成果。另外，定期定額投資 ETF，也不必太在乎目前該地區股市的高低點，而是在於長期持之以恆扣款投資的習慣。定期定額投資 ETF 的要領，就是選擇一個長期循環性可期、逐步向上的地區，接著以長時間、定期且規律性地扣款，累積足夠多的投資部位，是一種兼具儲蓄與投資的穩健策略。只可惜往往會有許多投資朋友在股市下跌階段心生恐懼，因為信心不足而放棄投資 ETF，在金融動盪過後，只能徒呼負負，後悔沒能享受到美好的成果。因此，定期定額投資需要最大的「本錢」，反而是耐心與定力的高低。

混搭投資 ETF，報酬率再升級

Q 投資 ETF 除了單筆或定期定額之外，還有其它的投資策略嗎？

A 如果單筆投資會擔心投錯方向，或者與主流產業擦肩而過的話，可以先用定期定額的方式試水溫。等觀察一段時間，確定趨勢之後，剛好手上也有一筆資金，就可以試著單筆投資 ETF 了。我們進一步地來看一下如何混搭投資 ETF。

☆ 單筆＋定期定額

單筆投資與定期定額各有優點，也各有適用的情境。投資朋友如果能夠先建立起完整的投資組合，再妥善地搭配這二種投資方式，將能使整體的投資效果更為突出。

其中一種很適合小資男女的投資方式，就是先以「定期定額」的方式投資 ETF，之後再伺機以「單筆投資」的方式加碼。而這裡所謂的「伺機」，就是當市場因為特殊原因而非理性的下跌時，就可以考慮以單筆資金加碼入市。

當然，就算在市場大跌時，連投資專家都也會因為怕買在高點而不見得敢大膽進場，更何況是一般的投資朋友。因此，為了克服「貪、懼」——特別是恐懼之心——以下有三大分批加碼的原則，或許可以提供給不敢輕易進場的投資朋友參考：

❶ 預先設定加碼的跌幅

例如投資朋友如果預先設定「下跌 30% 時進場」，那麼就一定要堅守這個原則進場買進。一般說來，一個市場會大跌 30%，多半有非理性的成分存在。再以技術分析的角度來看，跌了三成的幅度，短線應該會有跌深反彈的機會出現。在這個時候，除了維持原來的定期定額扣款之外，額外的單筆資金加碼進場，勝率極高。

❷ 採取「正三角型」加碼策略

什麼是「正三角型」的加碼策略？原來分批加碼的道理，應該是「跌愈多、買愈多」，如此一來，才能夠達到愈買愈便宜的「逢低攤平」與「累積更多 ETF 單位數」的目標。

這種「跌愈多、買愈多」的累積單位數的策略，就好比正三角形，上面（剛開始下跌時）買得較少，愈往底部（隨著市場慢慢下跌），買進累積的單位數就愈多。

❸ 加碼金一定要準備充足，且不能借錢投資

　　一般市場在跌深時，因為上檔累積了重重的解套賣壓，行情不見得會立刻大幅反彈。此時，投資朋友必須要先擁有充足的自有資金才可以逐步加碼，安穩度過行情盤整的階段，並且迎來更高的獲利契機。

　　上述的原則，可以適用在波動度較高的新興市場。因為新興市場通常每年被預期的經濟成長率較高，也容易吸引國際間的熱錢頻繁地進出，於是就很容易造成短線大幅度波動的情況發生。按照我們前面提到的一些方法，可知道在這種波動度較高的市場，是很適合定期定額操作 ETF 的。另外，由於這些新興市場大抵都是以出口原物料、賺取外匯為主要的經濟成長來源，所以也很容易受到景氣循環的影響，使得當先進國家因為景氣疲弱不振而減少向這些新興國家進口原物料時，經濟成長率也會很陡峭地下降。這時，如果已經是在這個市場以定期定額投資 ETF 的人，可以參酌景氣復甦的程度，提取部分的資金，在 ETF 下跌達到預先設定的百分比時（因為你已經有定期定額投資了，所以你應該會注意到該市場的發展），以單筆投資的方式進場，可以預期有較高的獲利率。

INfo 新興市場一般可分為三大區塊：

· 新興亞洲—以中國（C）、印度（I）為代表
· 新興東歐—以俄羅斯（R）為代表
· 拉丁美洲—以巴西（B）為代表
→這四個國家組合起來，就是金磚四國（BRIC）。

☆ 定期不定額、不定期不定額

　　這二種策略都必須要投資朋友投入更多的心力，觀察市場以及產業。除了持之以恆累積 ETF 的單位數之外，並且更加積極地審「時」度「勢」，增加投入的金額（不定額）、以及投資的頻率（不定期）。我們來解釋一些箇中的差異：

❶ 定期不定額

　　一般來說，定期定額投資法讓投資朋友降低了「選時」（選擇最佳投資時間點）的風險，並且可以在行情下跌階段，藉由持續不間斷的扣款買進而降低平均投資成本，以便在行情反轉向上時，能夠產生更高的獲利。

　　然而，如果投資朋友能夠在行情大跌時，逢低大量進場買進更多 ETF 單位數時，未來一旦行情翻轉向上的獲利豈不是更為驚人？因此，你也可以採取「定期不定額」的投資方式，小幅度逐步加碼。

　　儘管這種「定期不定額」的操作策略符合「低檔加碼」的投資概念，但在實際執行時，投資朋友還是應該要注意以下的關鍵點及原則：

加碼成數與空間是活的，而不是固定不變的

舉例來說，當行情下跌一成，並不一定非得加碼一成才是；你也可以把整體的加碼成數，設定在「最多五成即止」（至於成數的高低跟自己的可用資金有關）的階段。

不是每一次行情回檔，都可以使用「定期不定額」的方法

也就是說，投資朋友還是應該在每次市場行情回檔之際，趁機深入瞭解未來的趨勢變化，以便衡量是否該啟動「定期不定額」的投資策略。

❷ 不定期不定額

有別於大家常看到的單筆投資，以及定期定額的投資方式，「不定期不定額」投資法，被認為是 ETF 投資的最高境界。因為這種投資方式，就如同自己挑選股票一樣，除了要懂得判斷投資標的以及進出場的時間點，還要針對所投資的市場、區域經濟的後市發展，擁有一定的觀察與看法，並且清楚每一個進出場的時間點應該如何調配投入金額。

此外，有別於單筆投資的資金來源可能是來自於臨時多了一筆錢（例如年終獎金或者業績獎金等），「不定期不定額」的投資方式就比較適合已經有一筆閒錢等著投資，只是還不確定進場的時間點以及每回投資金額高低的投資朋友。由於難度高於單筆投資與定期定額的方式，因此，「不定期不定額」比較適合用功型的投資朋友。

這種類似「日日扣」的機制，改變了過去投資朋友「被動扣款」的投資方式，讓用功的投資朋友可以順勢加、減碼。例如，當投資朋友看好該檔 ETF 所投資的區域績效可能轉好，但又覺得可能只是短暫的反彈而已，便可以要求資產管理公司（基金公司、證券公司）減碼扣款，機動調整持有的部位。如此一來，因為可以任選交易日作為扣款日期，於是在股市多空不明時就可以機動加減碼，減少曝險的部位。

然而，不定期不定額的投資方式畢竟需要較豐富的金融專業知識，所以想透過這種方法賺錢的投資朋友，務必要累積更深厚的財經基礎，以免花了時間、忙亂一陣，卻又落得賺不到錢的下場。

綜合來看，不管是定期／不定期，定額／不定額，它們的好處就在於可以不必積極擇時之下，藉由長期投資的方式，幫助投資朋友達到穩健且合理的報酬，所以長期來看，股市的高低點其實影響程度沒有很大；畢竟定期定額的投資計畫是屬於長期的，在漫長的扣款過程中，一定會遇到市場的高低點（景氣循環）；藉由高低點都持續投資的策略，勢

必會降低平均持有成本。

　　另外，定期定額每期的扣款金額通常較小，占一般人的財富比重較小，就算短期之間買到相對高的價格，對於長期投資報酬率的影響並不大。投資 ETF 本來已經具有分散風險的效果，如果再加上定期定額的投資方式，將會更佳穩健，對於忙碌的上班族來說，是一種累積財富的極佳投資方式！

比較「定期定額」與「不定期不定額」投資方式

投資方式	優點	缺點
定期定額	養成定期投資習慣，並克服高買低賣的人性弱點	缺乏彈性，低點時沒有加碼而無法擴大報酬
不定期不定額	操作較有彈性，如果看準趨勢，可望大幅衝高投資報酬率	容易因為沒有養成停利停損的投資習慣，因為盤勢看走眼而一夕之間風雲變色

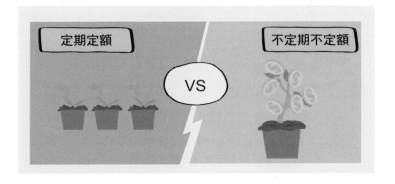

精打細算投資 ETF，預約富足人生：案例解析

臺股這幾年來，都以高現金殖利率著稱，現金股利年年迭創新高，也因此吸引眾多國際資金慕「利」前來，讓臺股可以居於萬點之上而不墜。既然外資都遠道而來了，我們怎麼可以身在福中不知福呢？

不過，總是有些投資朋友擔心，高居萬點之上，甚至於都 1 萬 1000 點了，買個股會不會風險太高？如果會有這樣的擔心，那麼就來買一籃子股票吧！ETF 可以讓你不怕「一萬」，也不用擔心「萬一」！

- 小資男女、上班族，投資 ETF 完成人生各階段理財目標
- ETF——「少少的錢」卻可以「大大的投資」
- 成家立業基金、子女教育基金、樂活退休金，這樣投資 ETF 就對了

小資男女：靠著 ETF 滾出第一桶金

Q 小資男女的資金不夠多，又擔心在萬點之上購買股票將被高檔套牢。那麼應該怎麼做比較好，可以穩健地參與股市的萬點行情呢？

A 雖然股市站穩萬點、甚至高居「萬一」之上，已經有超過一年的時間，可是，還是有很多散戶以及小資男女沒有跟上這波上漲的行情。尤其這波漲上 10000 點的功臣，是以外資買上來的重量級權值股——例如台積電、大立光、中華電等科技藍籌股。但是，這些績優藍籌股的股價動輒 100 元、200 元，甚至數仟元以上，並不在時下年輕人能夠負擔的範圍，很多人只能「望股興嘆」！不過，如果你可以每個月存個 1000 元，就可以啟動定期定額投資 ETF；3000 元就可以開始定期定額買零股，也就不必擔心理財之路迷濛不可見、不得其門而入了。

觀念速解

藍籌股

這個名詞源自西方賭場的籌碼；藍色籌碼價值最高，紅色次之，白色的價值最低。證券市場中的「藍籌股」泛指那些股價最高且流動性大的股票。

Q 小資男女以及上班族，也可以把 ETF 當作資產配置的一環，協助自己完成各項財務目標嗎？

A ETF 的確是資產配置當中很靈活的一項投資工具。金融海嘯以來，金融市場時不時就會出現難以預測的黑天鵝干擾盤勢，使得原本寄望可以從資本市場加減賺一點生活費的小資男女往往希望落空！面對許多商品的物價都調漲，但是自己的薪資卻始終紋風不動，甚至進入「凍薪時代」的此際，有沒有什麼「少少的錢」卻可以「大大的投資」，進而產生令人心滿意足的布局呢？

股神巴菲特曾經說過：「買進一支股票之後，就期待它明天早上就上漲，是十分愚蠢的一件事！」因為巴菲特認為，參與股市是投資，而非投機；尤其是一般的上班族投資朋友通常沒有辦法天天盯盤，所以最好的投資策略，是選對一檔好標的，讓你能夠「安心」地持有它、「放心」地等著它慢慢長大、「開心」地等著它回報給你不錯的報酬率。那麼，我們要去哪裡找尋這樣的標的呢？——ETF，就是具有這樣特色的標的。

我們知道，指數是用來衡量市場漲跌趨勢的重要指標。

所謂將指數證券化，意思就是讓投資朋友不需要以傳統的方式直接買進一家或許多家公司的股票，而是透過持有表彰指數標的股票權益的受益憑證，間接投資股市。因此，只要你長期看好某一種產業、某一個市場，就可以藉由持有 ETF 來追蹤指數的表現，獲得與指數變動損益相當之報酬率。所以，臺股原型 ETF 的確是想要小額投入、兼顧長期布局的小資男女的最佳投資工具。

ETF 是完成人生各階段理財目標的好幫手

(Q) 各階段的理財目標不盡相同，所需要的資金額度也不一樣，要如何透過 ETF 來完成人生各階段的財務目標呢？

(A) 一般來說，隨著年齡不斷增長，大多數人都會面臨學成、就業、成家、生子、購屋、創業以及退休等不同的經歷；還可以粗略分為「社會新鮮」、「結婚生子」、「生涯巔峰」與「退休生活」四大階段。為了利用 ETF 投資來完成以上四大階段的理財目標，以下四大步驟可以提供給讀者參考、執行：

步驟❶ 瞭解自己目前是處於哪一個人生階段

在每一個不同的階段，每個人不論在收支狀況、所負擔的家庭責任、能夠承擔的風險程度以及理財目標，都是完全不同的。投資朋友唯有先瞭解自己所處的環境與階段，才能進一步透過 ETF 投資，達到不同的理財目標。

步驟❷ 不同階段的財務需求金額與時間

為了完成預定的各項理財目標，例如購屋、子女教育及退休⋯⋯等，都需要不同的金額才能達到。投資朋友必須先計算一下相關數字，以及能夠準備的時間，才好進行下一步

驟的計畫。

步驟❸ 檢視自己的收支狀況

有時，目標是一回事，實際收支狀況才是影響目標達成
與否的重要關鍵。一般來說，「收入－儲蓄」之後的金額，
才是每月可以自行運用及花費的金額。假設每月結餘不高，
且又無法再進一步「開源」（多賺錢）或「節流」（多省錢）
之下，就有可能無法順利達成步驟②所計劃的目標。

步驟❹ 擬定投資計畫

正因為不同階段的收支狀況、理財目標時間長短，以及
所能承受的風險程度不同，就必須靠著詳細的計畫才能夠陸

不同人生階段的投資特性與目標規劃

	社會新鮮期	結婚生子期	生涯巔峰期	退休生活期
年齡範圍	20～30 歲	30～45 歲	46～65 歲	65 歲以上
階段特色	單身、剛開始工作，或事業才處於起步階段	多半已婚、有小孩，同時事業也處於起飛階段。雖然收入增加，但家庭開銷不小，可投資金額可能無法同步提高	收入達人生最高峰，加上小孩多半能夠獨立，所以經濟負擔逐漸減輕。此時，最重要的理財問題是「退休」，資產雄厚的人，也要開始及早進行節稅規劃	退休後不但生活節奏改變，也多半無固定收入，必須仰賴過去所存的退休基金，來支應生活所需
賺錢能力	低	中高	高	低
風險程度	因為年輕且投資時間長，可以承受較高風險	偏好中度、高度風險，風險承擔力也較高	偏好中度、低度風險，承受力比年輕人或中年人要低一些	風險承受度低
理財目標	資產快速累積	財富極大化	在財富極大化的同時，考慮資產的安全性（退休考量）及稅務規劃	求取固定收益
適合投資 ETF 類型	成長型 ETF（例如全球股票型、產業股票型 ETF 等）	積極成長型 ETF（例如全球股票型、單一國家股票型、或產業股票型 ETF）	全球型 ETF（例如全球股票型、區域國家股票型等 ETF）	債券型 ETF（例如全球債券型 ETF 等）

續完成所設定的理財目標。在此同時，投資朋友能夠運用的ETF 標的，也可能完全不同。

100 萬元成家、創業基金，這樣操作輕鬆得

Q 有很多年輕朋友深陷「月光族」、甚至是「薪光幫」（薪水一拿到，一個禮拜就分配光）的夢魘。又要如何透過 ETF 籌措到第一桶金，作為成家或是創業基金呢？

A 很多年輕朋友存不到錢的原因，除了薪水少、增幅又少得可憐之外，就是需要調整一下基本的理財方程式。大部分的人都是習慣把花剩下的錢當作存款或是投資來源；有時候，在「小確幸」的心理因素下，不知不覺就把錢花光了！但是，如果將理財方程式改成「先存再花」，未來可能會大大地改觀！如果有決心，每個月存個 3000、5000 元，應該是可以達成的。甚至，你可以先從儲蓄 1000 元開始做起。存了這 1000 元，可以做什麼呢？所謂「人不理財、財不理你」；要理財，必須要先從有「財」開始──而這筆 1000元的資金，就是你創造財富的起始點了！

「成家」及「創業」都是許多社會新鮮人的夢想。但在現實的生活中，圓任何一個夢都需要一筆錢。特別是在目前

定期定額投資 ETF，儲存成家立業基金

開始投資年齡	22 歲	25 歲	26 歲
每月投資金額（新臺幣）	7,000	12,000	17,000
投資時間	8 年	5 年	4 年
結束投資年齡	30 歲		
累積終值	1,031,795	936,989	1,006,601
備 註	根據股市一般長期平均報酬率 10% 計算 （此為期望報酬率，並不表示未來股市之預測值）		

的社會環境下，一般人如果沒有個 100 萬元，似乎很難達到基本的創業門檻。而對於每月只能領一份微薄薪水的上班族來說，這場「圓夢」計畫，恐怕要花上數十年才有機會成形。

不過先別沮喪，以下的表格應該可以給有心圓夢的社會新鮮人一顆重拾信心的定心丸。由 P.162 的數字可以得知：愈早開始準備成家基金或是創業基金，社會新鮮人的壓力及負擔也就愈輕。

因此，小資男女和年輕上班族，如果在你大學畢業、踏入職場開始，就從每個月的薪水裡省下 7000 元，只要找到適合的 ETF 投資（接下來在第 3 天的章節，我們還會有針對臺灣、中國大陸、美國等主要地區的 ETF 介紹，讓你按圖索驥，找到適合的 ETF 標的），堅持八年，你就有第一桶金了！

如果你又念了研究所、服完兵役，比較晚踏入社會賺錢，那也沒關係！因為你的起薪可能比較高，再努力省一下，每個月多「擠」出 7000 元來，一樣有機會在 30 歲前存到將近 100 萬！

怎麼樣，人生是不是又變得充滿希望了呢？

青壯族：透過全球 ETF 賺出各項圓夢基金

Ⓠ 青壯族號稱是目前財務壓力最大的一個族群。他們也適合用 ETF 來增加理財收入、減緩財務壓力嗎？

Ⓐ 根據最近國內媒體的調查統計，每年上大學的雜費（生活費、住宿費等）的平均漲幅高達近一成！因此，家中有未成年子女的青壯一族，面對高生活費的時代，不能只有感嘆而欠缺準備；為了讓子女受到良好的教育，夾心族（上有高堂父母、下有嗷嗷待哺的子女）更是要學會理財，讓錢賺錢，以降低自己的生活重擔。

定期定額投資 ETF，儲存子女高等教育基金

根據股市一般長期平均報酬率 10% 計算	0 歲	6 歲	10 歲
（此為期望報酬率，並不表示未來股市之預測值）	3,000	5,000	10,000
投資時間	18 年	12 年	8 年
結束投資年齡	18 歲（子女開始就讀大學）		
累積終值	1,816,704	1,393,708	1,473,993
備 註	根據股市一般長期平均報酬率 10% 計算 （此為期望報酬率，並不表示未來股市之預測值）		

　　除了因為子女的教育是無法重來之外，為了提高子女的競爭力，良好的教育環境與資源更是需要用心找尋。如果沒有事先規劃準備，這筆教育經費的壓力將會愈來愈大。這和籌措成家立業基金一樣，愈早開始準備，壓力及負擔也就愈輕。

　　以儲存教育基金為例，假如父母在孩子剛出生的那一年開始以每個月 3000 元定期定額投資 ETF，等到孩子長大、準備上大學的那一年，就有將近 190 萬元的教育準備金，這個數字足以讓孩子專心用功念書、不必揹學貸！

　　同樣地，這筆教育經費的準備也是愈早開始愈省力！如果等到孩子就讀小學才開始準備教育基金，那就必須要提高到每個月投資 5000 元，到孩子就讀大學時，也才能夠預期有接近 130 萬的教育準備金。如果等到孩子十歲才開始準備，那麼就算把投資 ETF 的資金拉高三倍以上，每個月定期定額投資 1 萬元，在孩子高中畢業那一年，你也只能累積到 147 萬左右的教育準備金。這中間的差距不可謂不大，值得投資朋友深思熟慮、未雨綢繆！

樂活退休族：ETF 這樣布局，年金自己攢

Q 現在不僅軍公教有年金改革，各個職域的退休金也是面臨愈晚領到、而且愈領愈少的情形。如果想要樂活退休，也可以靠著定期定額投資 ETF 來達成嗎？

A 由於年金改革的關係，已經有愈來愈多的人開始覺醒——退休金還是要靠自己積攢比較實在！那麼，究竟要存到多少錢，才能夠安穩地退休呢？根據統計，想要樂活退休，至少需要準備 2000 萬元的退休基金！然而，要在退休前累積這樣的金額數字，其實並不輕鬆。下表是為退休做打算的各年齡層投資朋友必須花多久時間才能夠累積到 2000 萬元的簡易試算表。

同樣地，從下表可以得知，愈早執行退休基金籌措計畫，每月所需要投資的資金負擔就愈低。所以，讀者如果想要能夠在預定的時間退休，最好能夠愈早開始規劃投資理財的計畫愈好；當然，ETF 將是你的理財好幫手！

定期定額投資 ETF，累積 2000 萬元退休金，每月投資金額需要多少？

開始籌措退休基金年齡	45 歲	50 歲	55 歲
每月投資金額（新臺幣）	26,120	47,856	96,828
投資時間	20 年	15 年	10 年
退休年齡	65 歲		
退休時應準備之退休基金	20,000,000		
備註	根據股市一般長期平均報酬率 10% 計算 （此為期望報酬率，並不表示未來股市之預測值）		

ETF——「少少的錢」卻可以「大大的投資」

Q 如果要定期定額投資元大臺灣 50（股票代號 0050），大概要買到多少張，才足夠支付退休生活費呢？

A 如果是要以 0050 配發的現金股利以支應退休後所需的生活費，需要有幾項基本假設。首先，要估算你退休後需要多少生活費。接著，要估算 0050 每年配發現金股利的平均值。最後再來反推需要買進多少張的元大臺灣 50，才足夠支應退休生活費。

步驟❶

如果以每個人每個月約需 2 萬元的生活費，所以，每年粗估需要 24 萬元的生活費。

步驟❷

估算臺灣 50 每年配發的現金股利數值。從 2003 年臺灣 50 問世以來，歷年配發的現金股利平均數值，約在 1.7 元～ 1.8 元之間（如右頁表格所示）。

步驟❸

如果退休後的生活費要全部倚賴元大臺灣 50 所配發的現金股利，那麼至少要在退休前，買進 133 張的元大臺灣 50（240,000÷1800 ≒ 133）。

最後，要提醒讀者注意的是，ETF 有一個缺點，在於它現金流的穩定性。由於大多數的 ETF 通常每年只會配發一次的現金股利（譬如元大臺灣 50，每年多半會在第四季配發現金股利）。並不是每季、每個月都有配息，因此，在沒有股利配發的月分，讀者就必須找到其他的現金流替代。或者，在每年領到臺灣 50 所發放的現金股利時，就要預先規劃安排好一整年生活費的運用，以免左支右絀，影響到你的生活品質。

定期定額投資 ETF，累積 2000 萬元退休金，每月投資金額需要多少？

股利發放年度	股東股利 (元 / 股)						股利合計
	現金股利			股票股利			
	盈餘	公積	合計	盈餘	公積	合計	
2018	2.2	0	2.2	0	0	0	2.2
2017	2.4	0	2.4	0	0	0	2.4
2016	0.85	0	0.85	0	0	0	0.85
2015	2	0	2	0	0	0	2
2014	1.55	0	1.55	0	0	0	1.55
2013	1.35	0	1.35	0	0	0	1.35
2012	1.85	0	1.85	0	0	0	1.85
2011	1.95	0	1.95	0	0	0	1.95
2010	2.2	0	2.2	0	0	0	2.2
2009	1	0	1	0	0	0	1
2008	2	0	2	0	0	0	2
2007	2.5	0	2.5	0	0	0	2.5
2006	4	0	4	0	0	0	4
2005	1.85	0	1.85	0	0	0	1.85
2004	-	-	-	-	-	-	-
2003	-	-	-	-	-	-	-
平均	1.73	0	1.73	0	0	0	1.73
累計	27.7	0	27.7	0	0	0	27.7

資料來源：臺灣股市資訊網

心動也要行動！

今天是　　　　年　　月　　日

我想投資的項目是　　　　　　　　　　　，代號是

想買的原因是：

今天是　　　年　　月　　日

我想投資的項目是　　　　　　　　　，代號是

想買的原因是：

領先指標投資法

股市是經濟的櫥窗，相信這句話大家都不陌生。這句話就是告訴大家，如果經濟前景看好，就會反映在一國的股市上；相反地，如果一國的經濟未來看淡、疲弱低靡，它的股市也將奄奄一息。因此，觀察一國的經濟指標將有助於訂定投資決策。

特別是反應一籃子股票績效的 ETF，其動向更是與經濟息息相關。以臺灣最為知名的「臺灣 50ETF」為例，由於該檔 ETF 含括了全臺灣「最大咖」的市值前 50 大公司，而這 50 大公司的股價動向，不僅攸關大盤指數，也牽引投資人的信心。那麼，有什麼指標可以預先知道市場上對於這 50 家公司未來的評價或觀感嗎？在此，我們將介紹「領先指標」，藉由觀察「領先指標」的趨勢變動，可以大方向地預測景氣的榮枯，讀者在投資臺灣 50ETF，或者是和大盤結合較為緊密的 ETF 時，就會多幾分勝算了。

臺灣的「領先指標」，係由「國家發展委員會」（以下簡稱「國發會」）負責編製並且於每月發布，其構成項目一共有七項，如右頁表格所示。由於該項目的組成具有領先景氣波動的性質，因此可用以預測未來景氣之變動趨勢，故稱為「領先指標」。

要提醒讀者的是，右頁表格中的指標並不是一成不變的；事實上，部分經濟數據還可能因為時空背景的不同，其重要性與反映經濟實質變化的程度，將隨著時間的遞嬗更迭而有所不同。因此，每隔一段時間，國發會都會重新檢視各項指標的適用性，並予以修訂。

目前國發會所採用的方式，是事先廣泛蒐集國內外的各項經濟數據，依據經濟重要性、循環對應性、統計充足性、時間一致性、曲線平滑性和資料即時性等標準，作為

篩選的依據。篩選過後,再將適合的項目就其歷史資料與實際經濟循環狀況作比較。最後則是挑選出上表這七個項目,作為目前「領先指標」的組成成分。

在「領先指標」的七項組成成分中,有一項是「股價指數」的變動。那麼,「領先指標」跟「股價指數」有何關係呢?或者說,「領先指標」可以預測未來「股價指數」的走勢嗎?

我們知道,個別公司股價的走勢變化,向來是和它未來的經營狀況與獲利程度息息相關。也就是說,當市場的投資人預期該公司前景看好、獲利可期,就會進場買進該公司的股票,進而推升股價;等到該公司的業績果如預期般的成長時,通常股價早已走高一波段。這時,短線交易的投資人看到有可觀的價差,反倒是獲利了結出場的時機。而這也就是我們經常聽到的「股價是經濟的櫥窗,是經濟的先行指標」的說法由來,也是我們看到國發會將「股價指數」納入「領先指標」成分的原因之一。

領先指標構成項目來源

構成項目	資料來源
外銷訂單指數	經濟部
實質貨幣總計數 M1B	中央銀行
股價指數	臺灣證券交易所
製造業營業氣候測驗點	臺灣經濟研究院
工業及服務業受僱員工淨進入率	主計總處
核發建照面積(住宅、商辦、工業倉儲)	內政部
實質半導體設備進口值	財政部

資料來源:國發會網站

由下圖中，我們可以清楚地看到「領先指標」與臺股加權股價指數間的走勢關係——基本上是亦步亦趨、呈現同方向的變化。一般而言，在景氣擴張初期，「領先指標」裡的相關數據會開始走揚，這代表景氣循環已漸漸地從谷底走出陰霾，漸漸地往上攀升。例如「實質貨幣總計數M1B」開始隨著總支出或總產出的增加而增加；「工業及服務業受僱員工淨進入率」愈來愈高，代表失業率逐次降低。而民眾因為有了工作、有了收入，或者是看好未來的前景，所以比較敢花錢買東西，工商企業去化庫存的速度就會比較快，而廠商接單生產的相關數字也會持續攀升。以上這些相關數據，比較起前一次公布時的數字提升，都說明整個經濟體裡的商業活動已經開始比先前活絡。

相反地，在景氣剛開始步入衰退的初期，因為此時的利率和物價水準正處於相對高點，資金成本及僱用勞工的成本連帶地也不便宜了，廠商或生產者的利潤因此而變

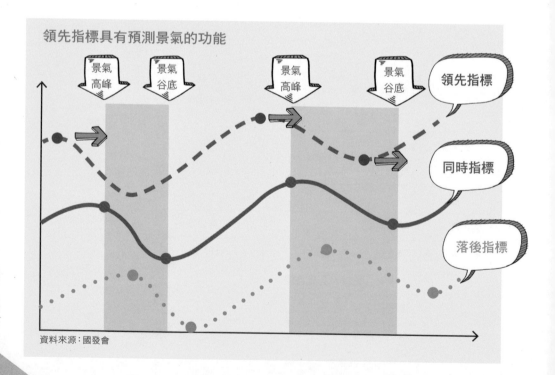

領先指標具有預測景氣的功能

景氣高峰　景氣谷底　景氣高峰　景氣谷底　領先指標

同時指標

落後指標

資料來源：國發會

少，於是工業及製造活動開始趨緩、銷售狀況略顯疲弱、存貨相對增多、可能有比較多的人失去工作、消費意願漸次低落，貨幣供給成長率亦開始走下坡，預示景氣已經慢慢步向蕭條。既然企業的獲利前景不看好，那麼股市將乏人問津、資金慢慢被抽離，股價將普遍下跌，股價指數自然也是呈現往下的走勢。

　　既然「領先指標」反映了該區域或經濟體的景氣狀態，原則上也應該與該區域的景氣之窗——股市——具有同步的走勢。而我們在解讀「領先指標」含義的同時，還必須注意到，近年來臺灣服務業成長迅速，其產值所占比重有持續攀升的傾向，除了把這一點納入決策考量外，我們可能還需要就其組成項目之間的消長變化，做更進一步的研究。例如若有一段時期，該經濟體的「工業及服務業受僱員工淨進入率」是增加的，可是同時間卻出現該經濟體「外銷訂單指數」減少的情形，雖然最後綜合指數依舊向上，但這其中的原委，便值得市場分析師仔細推敲探究。

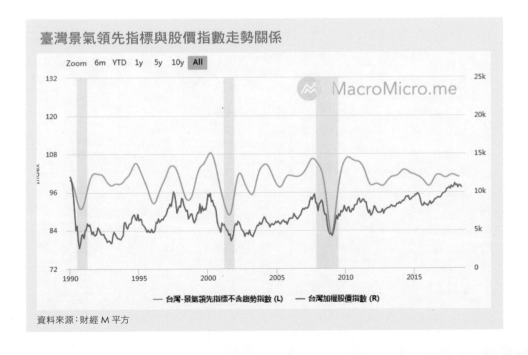

臺灣景氣領先指標與股價指數走勢關係

資料來源：財經 M 平方

心動也要
行動！

今天是　　　年　　月　　日

我想投資的項目是　　　　　　　　　　，代號是

想買的原因是：

今天是　　　　年　　月　　日

我想投資的項目是　　　　　　　　　　，代號是

想買的原因是：

3 第3天

ETF 淘金術：ETF 的全球資產配置藍圖

如何運用 ETF 到國際市場淘金？特別是重「金」集結的美國市場，包羅萬象的 ETF 該怎麼挑選？還有，巨龍甦醒的中國大陸，除了經濟突飛猛進之外，已經入摩的 A 股題材、「一帶一路」未來肯定會有「吸金」效應，又可以如何運用 ETF 穩健地參與賺錢進行式？另外，要如何培養自己與時俱進、學會 DIY 找尋很夯的 ETF 標的？滑手機，也可以滑出利基！本單元也提供了圖文並茂的 ETF 網路資源，讓你可以按圖索驥。

臺股 ETF 的操作策略

資金雖然無國界，想要賺國際之間輪動的財富，現在不必再捨近求遠！
即使住在臺灣，也可以用新臺幣讓自己繞著地球賺！

- ·定存利率低到讓你嘆息？定存族的最佳替代方案
  這樣買！
- ·質變＋量變，臺股 ETF 生力軍前仆後繼，選擇性
  多更多
- ·跨界＋跨境，你也可以用新臺幣賺遍全世界

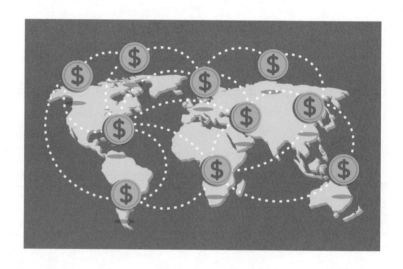

派息穩健，定存族的最佳替代方案這樣買

Q 國內外的利率處於低檔已經好一陣子了，如果不想讓微
薄的利息被通膨吃掉，有沒有較好的策略呢？

A 現在的一年期定存機動利率，也只有 1.065%，但是同期
的消費者物價指數年增率卻高達 1.31%（請參看下圖）。粗
略估算一下，也知道我們辛苦攢的錢肯定會被通膨吃掉，而
且變得愈來愈不值錢。

掛牌日期：2018/07/17　　　　　　　　　　　　　　　　　　賣施日期：2016/11/01

類別	期別	利率(年息%)		
		金額	機動利率	固定利率
定期儲蓄存款	三年	一般	1.165	1.115
		五百萬元(含)以上	0.290	0.280
	二年～未滿三年	一般	1.115	1.075
		五百萬元(含)以上	0.260	0.250
	一年～未滿二年	一般	1.090	1.070
		五百萬元(含)以上	0.240	0.230
定期存款	三年	一般	1.115	1.065
		五百萬元(含)以上	0.290	0.280
	二年～未滿三年	一般	1.090	1.040
		五百萬元(含)以上	0.260	0.250
	一年～未滿二年	一般	1.065	1.035
		五百萬元(含)以上	0.240	0.230
	九個月～未滿十二個月	一般	0.950	0.910
		五百萬元(含)以上	0.200	0.190
	六個月～未滿九個月	一般	0.835	0.795
		五百萬元(含)以上	0.170	0.160
	三個月～未滿六個月	一般	0.660	0.630
		五百萬元(含)以上	0.140	0.130
	一個月～未滿三個月	一般	0.600	0.600
		五百萬元(含)以上	0.110	0.110

資料來源：臺灣銀行

　　為了避免辛辛苦苦儲蓄最後卻產生被剝奪的辛酸感，我們一定要為自己努力賺得、辛苦存下來的血汗錢，找到一條妥善的出路。這時候，可以考慮將這筆錢轉入 ETF；因為 ETF 是買進一籃子的優質股票，而這些優質的股票，每年大多會配發不錯的股利，如果長期持有，肯定不會輸給定存的蠅頭小利！

　　每年 7 月起開始的第三季，臺股就進入了密集的除權、除息階段；有很多投資人會熱衷參與投資所謂的「高股息殖利率概念股」。但是，如果持有股票會擔心貼權（息）的問題，不僅賺不到錢，還會讓資金套住，影響後續的理財規劃。因此，有些投資朋友會選擇除權（息）之後，再找時機來投資股票。這當然也是一種投資策略。

　　但是，連外資都鍾情的臺股高股息殖利率概念，就不值得散戶投資人期待了嗎？其實，投資朋友並不需要這麼悲觀，因為接下來第四季的 10 月到 11 月是 ETF 的配息季節，倒是值得投資朋友趁著大盤有回檔的時候，提早進場布局。

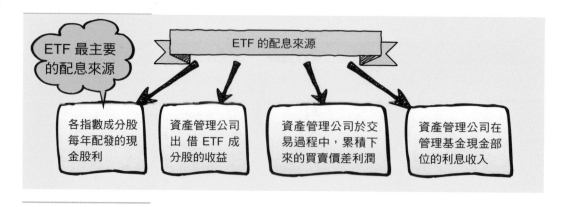

一般說來，ETF 的配息來源可以分成四部分。首先是 ETF 各指數成分股每年配發的現金股利。其次是資產管理公司將 ETF 成分股出借的收益。第三是資產管理公司，因為持續追蹤指數的成分股，在交易過程中累積下來的買賣價差利潤（就是資本利得），也成為可以配給 ETF 持有者的來源之一。最後則是資產管理公司在管理基金現金部位的利息收入。

大部分 ETF 最主要的配息來源仍然是第一項，也就是投資所得的現金股利；因為要獲得其他三項配息是有但書的。有些 ETF 在發行時標明，如果打算增發該檔 ETF 的出借收益、資本利得以及利息收入等項目，那麼 ETF 每個受益權證單位的淨值，需要高於原發行價格；而且每個受益權證單位淨值，扣除掉當年度配發之收益後，仍不得低於原發行之價格。因此，ETF 所持有成分股當年度配發的現金股利，就是 ETF 最主要的配息來源。

而臺灣目前市場上的 ETF 多半都有配息機制，因此，小額投資人可以透過 ETF，特別是股息型的 ETF，來參與臺股中市值大、年度營收績優、獲利穩定、且配息率高的公司之現金股利分配。取得的現金股利，就可以挹注每一階段財務目標所需要的資金了。

重點 ▶ 臺灣的 ETF 通常採年配息、美國的股票型 ETF 為季配息，債券型 ETF 則為月配息；而且配息通常是發放現金股利，而非股票股利。

但是要提醒投資朋友的是，投資 ETF「並不保證絕對能夠獲利」。不過，因為國內主要的 ETF 都是以各產業類別當中的大型權值股為主要的成分股，而這些大型的權值股通常比較能夠隨漲抗跌──也就是說，即便類股輪動快速，我們也比較不會錯過輪漲行情。再加上臺灣股市中的大型權值股每年會配發不錯的現金股利，投資朋友可藉由持有 ETF 來參與此一配息優勢。因為 ETF 具有這些特色，可以讓經驗值較少的小資男女、社會新鮮人、懶人一族，避免因為挑錯股票而產生重大虧損，相對地，風險也比較低。

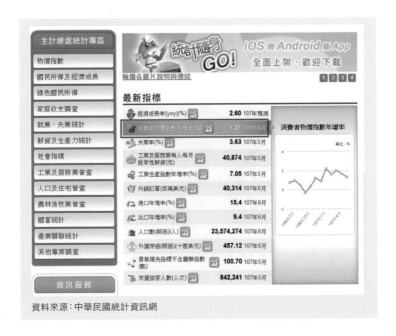

資料來源：中華民國統計資訊網

Q 那麼，各檔 ETF 的配息情況又是如何呢？

A 雖然 ETF 是買進一籃子的股票，但是在國內掛牌的 ETF，未必每一檔都有配息。至於配息的狀況如何？可以參

看 ETF 管理公司及個別 ETF 的公開說明書。

以在臺灣掛牌的 ETF 而言,通常採取年配息,但是多數的美國股票型 ETF 則為季配息,而債券型 ETF 則是月配息的方式居多。如果投資朋友打算安排自己的現金流,可以事先參照相關資料,做好適合你的資產配置。

另外,不像買進股票可以期待發放股票股利,絕大多數的 ETF 通常是發放現金股利,沒有發放股票股利。再者,槓桿型 ETF 和反向型 ETF 一般是不配息的;而且這些 ETF 淨值的計算方式也與原型 ETF 不同,漲跌幅的波動度也比較大,不適合以原型 ETF 的投資邏輯去布局。

為了方便讀者進一步瞭解臺灣 ETF 的配息情況,我們整理出目前國內成分證券 ETF 的配息狀況如下表。另外,還有臺灣最知名的二檔 ETF——元大臺灣 50(0050)、元大高股息(0056)近幾年的配息率狀況,供讀者參考。從表格的統計資料,我們可以看到以高股息聞名的 0056,近十年來的配息率平均高達 5.7%,遠高於定存族的收入!我們就針對這項數據來分析一下吧。

其實,元大高股息 ETF 的成分股共 30 檔,其中有三成屬於臺灣 50 的成分股,另外的七成是中型 100 的成分股。既然元大高股息 ETF 是以中小型股為大宗,配息都這麼可觀了,那麼由全臺灣市值最大的前 50 名組合而成的元大臺灣 50,表現又是如何呢?

根據 CMoney 的統計資料,臺灣 50 成分股占上市、上櫃公司派發股利總額比重,在 2017 年已達全體公司的 65%,而且臺灣 50 成分股派發的股利總額達 9174 億元,將近 1 兆元!因此,2017 和 2018 年的現金股利都超過二元。然而,因為 0050 的股價近期都在高檔(2017 年以後都在 70 元以上),相較於 0056 的股價不到 27 元,自然股利殖利率略為遜色,但是這二年來也都在 2.6% 以上,遠高於定存!0050 另外一個特色是,除了剛掛牌的前二年(2003 年

及 2004 年）沒有配發現金股利之外，其餘每一年都有配息，
而且多半在二元以上！可說是值得考慮長抱的一檔 ETF ！

 殖利率 = 現金股利 / 股價

元大臺灣 50 股價走勢圖

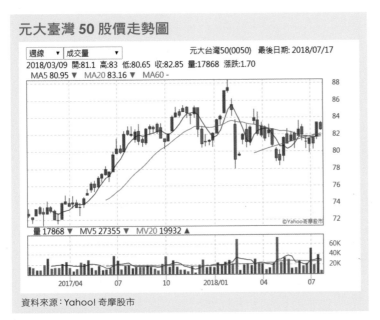

資料來源：Yahoo! 奇摩股市

元大高股息股價走勢圖

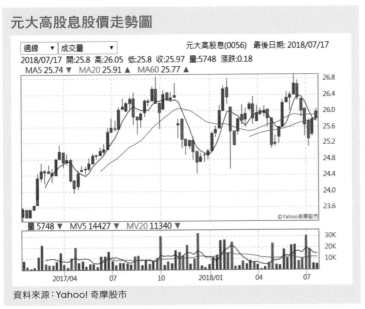

資料來源：Yahoo! 奇摩股市

國內成分 ETF 的配息狀況

ETF 簡稱	代號	ETF 配息狀況
元大臺灣 50	0050	每年 6 月、12 月配息
元大中型 100	0051	每年 10 月配息
富邦科技	0052	每年 3 月配息
元大電子	0053	每年 10 月配息
元大臺商 50	0054	每年 10 月配息
元大 MSCI 金融	0055	每年 10 月配息
元大高股息	0056	每年 9 月配息
富邦摩臺	0057	每年 6 月配息
富邦發達	0058	每年 3 月配息
富邦金融	0059	每年 3 月配息
元大 MSCI 臺灣	006203	每年 6 月、12 月配息
永豐臺灣加權	006204	每年 9 月配息
富邦臺 50	006208	每年 6 月配息
兆豐藍籌 30	00690	每年 10 月配息

資料來源：日盛證券

元大高股息（0056）		殖利率統計	
股利發放年度	股利合計	股價年度	合計
2018	-	2018	-
2017	0.95	2017	3.78
2016	1.3	2016	5.67
2015	1	2015	4.33
2014	1	2014	4.12
2013	0.85	2013	3.61
2012	1.3	2012	5.49
2011	2.2	2011	8.54
2010	-	2010	-

元大高股息（0056）		殖 利 率 統 計	
股利發放年度	股利合計	股價年度	合計
2009	2	2009	10.3
2008	-	2008	-
2007	-	2007	-
平均	0.88	平均	5.7

資料來源：臺灣股市資訊網

元大臺灣 50（0050）		殖 利 率 統 計	
股利發放年度	股利合計	股價年度	合計
2018	2.2	2018	2.67
2017	2.4	2017	3.05
2016	0.85	2016	1.28
2015	2	2015	3.01
2014	1.55	2014	2.43
2013	1.35	2013	2.4
2012	1.85	2012	3.54
2011	1.95	2011	3.45
2010	2.2	2010	4.02
2009	1	2009	2.21
2008	2	2008	3.9
2007	2.5	2007	4.03
2006	4	2006	7.43
2005	1.85	2005	3.91
2004	-	2004	-
2003	-	2003	-
平均	1.73	平均	3.4

資料來源：臺灣股市資訊網

ETF 質變＋量變，生力軍前仆後繼

（Q）除了這幾檔老牌老字號的 ETF 之外，市場上還有哪些值得注意的新種 ETF 呢？

（A）市場上的金融商品一直在求新求變，ETF 也不例外。許多資產管理公司挖空心思，不斷地推出新種 ETF 試圖吸引投資人的眼光，好讓他們掏出口袋裡的錢。

舉例來說，2018 年討論度高的新概念，就是「高股息低波動指數」。該指數號稱結合「營運穩健、高配息、股利配發穩定、降低波動設計」四大編製原則，可以說是兼具穩健獲配股利、還有能夠賺得優於平均水準價差的新種 ETF。

另外，指數公司為了因應現代人自籌退休金的趨勢，也推出了具有較低風險及穩定收益概念的指數，例如低波動精選 30、低貝塔 100、漲升股利 100 等，希望能夠搶攻退休理財的這塊大餅。

雖然這些都是新種概念的指數，指數公司也宣稱其殖利率普遍都能夠勝過大盤，有些甚至號稱是「被動＋主動的設計」，既聰明又很有效率。不過，畢竟產品才剛推出，績效仍然需要經過時間的印證；因為相較於其他主要的金融商品，ETF 還是需要長期持有並關注的一項投資工具。總括來說，如果是以長期累積退休金為理財目標的話，還是得要以「長期風險較低」、「具有穩健的報酬率」為考量點，才是正確之道！秉持這些觀念，就算 ETF 領域推出的新商品多到令人目不暇給，投資朋友也不至於無所適從。

AI ＋新科技、原物料＋新興市場，吸金且吸睛

（Q）人工智慧（AI）與新科技的概念正夯，在臺灣也可以透過投資 ETF 跟上這股時代新潮流嗎？

Ⓐ 2017 年中以來，國際間商品原物料、新興市場行情就不斷加溫，持續「吸金」且「吸睛」；再者就是人工智慧 AI 及新科技的應用發展，在在令人耳目一新，甚至已經成為很多國家政策性重點扶植的產業。也因此，許多積極型的投資人可能正在找尋相關的 ETF，準備進場搭順風車，獲取長線的利益。

以 2018 年下半年搭上這股新趨勢、在臺掛牌的相關 ETF 而言，就有：元大道瓊白銀 ETF（股票代號 00738U），它是和原物料有關；國泰新興市場（股票代號 00736），是和新興市場有關；國泰 AI ＋ Robo（股票代號 00737）是和人工智慧及機器人有關。另外，也有針對臺韓科技供應鏈廠商特別推出的國泰臺韓科技 ETF（股票代號 00735）。這些新概念的 ETF 雖然令人眼睛一亮，不過是不是都適合投資人投資呢？觀察這幾檔 ETF 掛牌上市以來幾個月的成交量（截至 2018 年 7 月底），多半是在 500 張以下，有些甚至只有數十張的成交量，表示市場也還在觀望。不過，既然這些概念應該是未來市場的主流，陸續推出的 ETF 類似商品，應該也是值得期待的。

當然，這些新概念的 ETF 雖然搭上了話題列車，但如果投資人想要投資白銀這檔 ETF 的話，就跟投資 ETF 的基本概念一樣，需要對貴金屬的走勢有一定程度的掌握與瞭解，才有機會賺取較大的獲利空間，不至於因為短線波動而驚慌失措，不知如何是好。

另外，AI 時代來臨，人工智慧的運用將為人類帶來更多的便利性，相關的公司也因此增加許多獲利的想像空間。AI ＋ Robo 這檔 ETF 屬於追蹤國外成分股的 ETF（它追蹤那斯達克 CTA 全球人工智慧及機器人指數，是 2017 年底剛新編製的指數，代號 NQROBO，主要涵蓋 13 個國家中的 88 檔股票，聚焦於 AI 人工智慧與 Robot 機器人相關公司的上中下游企業，層面相當廣），而且這些成分股中大多偏向

科技創新服務企業。這一類型的企業雖然具有前瞻性，長期趨勢也看好，但短期內也有可能面臨個別國家的市場風險，以及個別企業股價短線是否因為本益比偏高而有回檔或波動性較大的風險。投資朋友在投資這類新型態的 ETF 時，除了要做功課，瞭解相關指數編製的核心觀念之外，最主要的還是應該要有風險意識才好。

跨界＋跨境，用新臺幣賺遍全世界

(Q) 臺股掛牌上市、上櫃的 ETF 已經超過 100 檔，包含的範疇也愈來愈多，讓人眼花撩亂。投資朋友在選擇投資 ETF 時，需要注意哪些因素呢？

(A) 除了上述介紹的新概念 ETF 之外，這幾年業界很積極地搶攻被動式管理的基金市場；因此，臺股掛牌上市、上櫃的 ETF，如雨後春筍般地冒出來，呈現百花齊放的榮景。ETF 商品的主軸，也從一開始只有完全追蹤指數的原型 ETF，逐步增加了倍數看漲或看跌的槓桿型 ETF，或者純粹看空市場走勢的反向型 ETF（現在業者要新推出一種 ETF 產品時，多半會同時推出原型、反向、槓桿等三種類型的 ETF，全面滿足投資人對於趨勢的各種不同看法）。在投資標的的選擇面向上，也從原本眾所周知的股價指數，逐步與時俱進，搭上時代潮流的商品原物料、匯率、債券、高科技等領域。這樣多元化的發展，已經讓投資朋友不再只有 0050 或 0056 的選擇了。

不過，在擁有更多的選擇之下，會不會也因此讓人無所適從而亂了方寸呢？投資朋友在投資 ETF 時，還是要清楚知道，追蹤指數的原型 ETF 適合長期投資，反向型與槓桿型 ETF 只能短線操作（還記得前面章節特別強調「單日」的觀念）等基本原理。投資朋友在選擇投資 ETF 時，可以

先確認你的標的指數是什麼？還有，你的投資目的是想要長期「投資」或只是想要短期跟風的「投機」？如果你能夠清楚回答這些問題，那麼，市場上眾多的 ETF 反倒不會構成你的困擾，而是會成為你靈活布局的工具。

對於小資男女或是忙碌的上班族而言，進行 ETF 的資產配置時，建議還是以「全市場指數」而且是「原型 ETF」為主軸比較好。畢竟產業型或是槓桿型、反向型的 ETF，比較偏向積極的操作。另外，還得注意一下成交量，有些 ETF 只有數十張的成交量，在流動性不夠的情況下，要擔心可能會面臨買得到、賣不掉的窘境。

最後，市場上追蹤相同指數的 ETF 也有愈來愈多的趨勢，應該如何挑選比較好呢？這個時候，可以去注意一下它們的追蹤誤差；誤差愈小，表示愈能夠貼近市場的表現。再者，畢竟 ETF 也是「基金」的一種，費用率的高低自然也會影響到長期持有 ETF 的報酬。以上這些細節，在 ETF 的公開說明書陳述得相當清楚，相關的觀念也已經在前述各章節提及，投資朋友可以再回顧參考，讓自己在挑選 ETF 時更加得心應手！

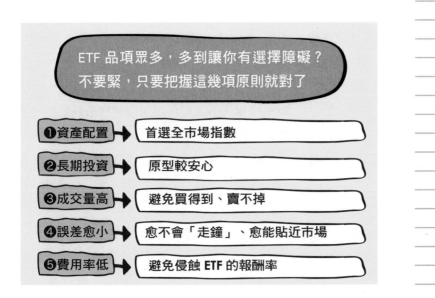

ETF 品項眾多，多到讓你有選擇障礙？
不要緊，只要把握這幾項原則就對了

❶ 資產配置 → 首選全市場指數

❷ 長期投資 → 原型較安心

❸ 成交量高 → 避免買得到、賣不掉

❹ 誤差愈小 → 愈不會「走鐘」、愈能貼近市場

❺ 費用率低 → 避免侵蝕 ETF 的報酬率

Q 目前臺股 ETF 當中，也有很多追蹤國內外指數，這對我們的資產配置可以有什麼幫助嗎？

A 已經有愈來愈多的投資朋友擁有國際觀，具備全球布局的宏觀架勢（相關概念請參考《3 天搞懂資產配置》）。

要進行全球資產配置，除了進階版的複委託，以及到海外券商開戶之外，現在也有些簡單的投資方式，能夠讓你在臺灣用新臺幣賺遍全世界。如果看好全世界的龍頭經濟體——美國——未來的長期表現，比較積極的投資人可能會開立能夠投資美股的網路券商的帳戶（如何投資美股？可以參考《3 天搞懂美股買賣》）。

可是，面對成千上萬在美國掛牌的股票，剛開始免不了會有選股的困擾。為了避免眼睜睜地失去先機，你也可以不必捨近求遠、找國外的券商去開戶了。因為在臺股 ETF 中，也有和美國市場連結的標的 ETF。例如較為人熟知的國泰美國道瓊（00668）是追蹤道瓊工業平均指數；富邦 Nasdaq（00662）是追蹤 NASDAQ-100 指數；元大 S&P 500（00646）則是追蹤美國的 S&P 500 指數（標普 500 指數）。因此，看好美國股市，就可以關注這幾檔 ETF（臺灣掛牌的美股 ETF 整理如下表所示）。

這幾檔的差別主要在於所追蹤的指數。大家耳熟能詳的道瓊成分股，其實成分股只有 30 檔，而且大部分是大型股與工業類股；那斯達克指數關注的產業以高科技為主，其成分股雖然含括 5000 多檔，但主要是由美國發展最快的科技、電信技術與生物公司所組成，普遍性不如標普 500 股價指數〔但是，富邦 Nasdaq（00662）是追蹤 NASDAQ-100 指數，只包含市值前 100 大的非金融公司，範圍又遠比 NASDAQ 全市場指數來得小〕。

標普 500 指數的成分股含括的產業則非常廣泛，包含美國 500 家大型上市公司，這些公司都是在美國的主要交易所，例如紐約證券交易所（NYSE）、那斯達克證券交易所

（NASDAQ）交易的上市公司；相較之下，其風險更為分散，更能夠反映多而廣的市場變化。這和投資元大臺灣 50 等於是投資臺股市值最大的前 50 家公司，有異曲同工之妙。所以如果投資朋友看好美國的長期發展走勢，可以布局和美國相關的 ETF。

在臺灣掛牌的美股 ETF 釋例

股票代號	股票名稱
00670L	富邦 Nasdaq 正 2
00647L	元大 S&P500 正 2
00668K	國泰美國道瓊 +U
00662	富邦 Nasdaq
00668	國泰美國道瓊
00646	元大 S&P500
00702	國泰標普低波高息
00717	富邦美國特別股
00714	群益道瓊美國地產
00669R	國泰美國道瓊反 1
00648R	元大 S&P500 反 1
00671R	富邦 Nasdaq 反 1

資料來源：臺灣證券交易所；資料日期：2020 年 9 月 25 日

除了看好美國的經濟發展，可以選擇美股相關的 ETF 當作資產配置的一環之外，在臺灣證券交易所掛牌的國外成分證券 ETF，還包含了中國、日本、香港、印度、歐洲、韓國、新興市場等地區，選擇也非常多元，投資朋友可以依據對於各國經濟走勢的預期以及風險承受度等，從相關的 ETF 挑選標的，用新臺幣做到跨界、跨市場的資產配置。特別是眾所矚目的中國大陸，臺灣也有多檔相關的 ETF 可供選擇。下個單元，我們將會專門介紹這顆新星，讓你的資金也跟著市場最夯的潮流走。

國外成分 ETF

證券代號	ETF 簡稱	標的指數
006205（新臺幣）/ 00625K（人民幣）	富邦上証（新臺幣）/ 富邦上証＋R（人民幣）	上証 180 指數
006206	元大上證 50	上證 50 指數
006207	FH 滬深	滬深 300 指數
00636	國泰中國 A50	富時中國 A50 指數
00639	富邦深 100	深証 100 指數
00645	富邦日本	東証指數
00643（新臺幣）/ 00643K（人民幣）	群益深証中小（新臺幣）/ 群益深証中小＋R（人民幣）	深証中小板指數
00646	元大 S&P500	標普指數（S&P 500®）
00652	富邦印度	NIFTY 指數
00657	國泰日經 225	日經 225 指數
00660	元大歐洲 50	歐洲 STOXX50 指數（EURO STOXX 50® PR in EUR）
00661	元大日經 225	日經 225 指數（Nikkei Stock Average）
00662	FB NASDAQ	Nasdaq-100 指數
00668	國泰美國道瓊（新臺幣）	道瓊斯工業平均指數
00668K（美元）	國泰美國道瓊＋U（美元）	道瓊斯工業平均指數
00678	群益 NBI 生技	深那斯達克生技指數
00700	富邦恒生國企（原簡稱：富邦 H 股）	恒生中國企業指數（Hang Seng China Enterprises Index）
00703	臺新 MSCI 中國	MSCI 中國指數（MSCI China Index）
00709	富邦歐洲	FTSE 發展歐洲指數（FTSE Developed Europe index）
00702	國泰標普低波高息	標普 500 低波高息指數

資料來源：臺灣證券交易所

證券代號	ETF 簡稱	標的指數
00710B	FH 彭博高收益債	彭博巴克萊 1 至 5 年期美元高收益債券（不含中國）發行量五億美元產業 10% 上限指數（Bloomberg Barclays US High Yield 1-5 year ex China 500mln 10% Sector Capped Index）
00711B	FH 彭博新興債	彭博巴克萊新興市場 10 年期以上美元投資等級債券（不含中國）國家 10% 上限指數（Bloomberg Barclays EM USD ex China Investment Grade 10 year 10% Country Capped Index）
00712	FH 富時不動產	富時 NAREIT 抵押權型不動產投資信託指數（FTSE NAREIT Mortgage REITs Index）
00714	群益道瓊美國地產	道瓊美國地產指數（Dow Jones US Real Estate Index）
00717	富邦美國特別股	標普美國特別股指數
00732	國泰 RMB 短期報酬	富時中國國債及政策性銀行債券 0-1 年精選指數
00735	國泰臺韓科技	臺韓資訊科技指數
00736	國泰新興市場	富時新興市場（納入 A 股）指數
00737	國泰 AI ＋ Robo	納斯達克全球人工智慧及機器人指數
00739	元大 MSCI A 股	MSCI 中國 A 股國際通指數（MSCI China A Inclusion Index）

資料來源：臺灣證券交易所

國外成分股連結式 ETF

證券代號	ETF 簡稱	標的指數
0061	元大寶滬深	滬深 300 指數

境外指數股票型基金

證券代號	ETF 簡稱	標的指數
008201	標智上證 50	上證 50 指數

資料來源：臺灣證券交易所

跨界跨市場：
族繁不及備載的美股 ETF

金融海嘯重挫美國經濟，但是美國卻因為這場百年來罕見的金融危機，「打斷手骨顛倒勇」！也讓很多的投資專家跌破眼鏡！不想錯過這波美國的上漲行情嗎？ETF 是最好的投資工具！

單元
重點

・包羅萬象，族繁不及備載的美股 ETF 這樣買
・全方位資產配置，聰明又有效率的的投資組合這樣安排

美國淘金基本款，一定要知道的口袋名單

Q 金融海嘯雖然重挫美國的經濟，但是美國目前還是全球的金融重鎮，如果我們還想在美國市場淘金，有沒有什麼是比較有效率、有架構投資組合的做法？

A 曾經有人認為，美國歷經 2008 年的金融海嘯衝擊、經濟受到重創之後，經濟霸主的地位就要被取代了，強勢貨幣美元也被持續看衰。可是，美國經歷過幾輪的量化寬鬆政策，利率也調降到接近於零的史上低點，在不到十年之間，它的經濟開始復甦，也有多家企業的獲利創下新高，這些成效都具體地在股市上呈現。所以，美國的四大指數逐漸攀高，甚至紛紛創下歷史高點。

在美股上漲的過程當中，有不少的投資人因為揮不去金融海嘯帶來的陰霾，猶豫不決而錯失了進場時機，不然就是因為標的個股漲高而不敢追高，和財富重新分配的黃金時點擦身而過。這些人在懊惱之餘開始思索：股市跌會讓人感到沮喪；但是股市漲，如果沒跟到這一波，也是讓人很糾結的。為什麼會這樣呢？

　　說實在的，投資並不需要兩面挨耳光。假如你長期看好某一個市場或某一個產業，選擇投資 ETF，就不用擔心挑錯個股所帶來的驚濤駭浪，也不用因為擔心變成紙上富貴而頻繁低進高出──這除了會墊高交易成本，還會讓人傷神又傷心。投資 ETF 能夠讓你省去精選持股、擇時進出的困擾。

　　尤其是投資標的比起臺灣更為豐富多元的美國，如果個人想要架構一個面面俱到而且是不假手於他人、獨力完成的投資組合，那可真是曠日廢時的一件事！不過，只要挑對了金融商品，要做好資產配置、架構屬於你的投資組合，其實是可以很輕鬆愉快的。在本章節中，我們要介紹美股 ETF 為什麼是你在財富增值的過程中，非得認識並學會的智慧好夥伴！

Ⓠ 可是美國的金融商品成千上萬，ETF 也是琳瑯滿目，在架構 ETF 的投資組合時，要如何找到方向呢？

Ⓐ 美國的金融市場投資標的非常豐富，在股市掛牌交易的個股，有很多是來自全球的頂尖跨國公司（更詳細的解說，請參考《3 天搞懂美股買賣》）。至於 ETF 的「品種」，也

是包羅萬象、應有盡有，投資朋友在架構投資組合時，選擇性更多元、布局的策略也因此更加靈活！

　　大家已經都知道，如果看好臺股市場，可以選擇的 ETF 標的有元大臺灣 50（股票代號 0050）或是富邦臺灣采吉 50 基金（股票代號 006208）等；但是場景如果切換到族繁不及備載的美股市場，你的投資模式，可不能夠只有「傻眼」加「靜音」，有些基本款是你一定要搞懂的。

Q 既然 ETF 種類繁多，有沒有哪些可以當作美股 ETF 投資的入門基本款？

A 全球的資本市場當中，當然是以美國的金融市場「吸金」程度最為驚人，全球投資人無不爭先恐後想要到美國市場去淘金；因此，全球布局、外幣投資的版圖，自然不能缺少美國這一塊。而美國股票市場在 2017 年的飆漲情況，是 2008 年金融海嘯以來最為突出的一年！雖然 2018 年的下半年，還有中美貿易戰的干擾，但後續還有多項的利多措施，以及美國經濟基本面持續看好，大型公司的財報仍然令人驚豔、等著發酵的未來幾年，預期國際資金還是會蜂擁到美國，大賺資本利得。

　　因此，如果投資朋友不想錯過這波行情，想搭上這趟賺錢列車，可以注意在美國被列為最為知名的三大指數型 ETF，分別是追蹤 S&P500 指數的「史坦普 500 指數基金」，股票代號是 SPY；還有追蹤道瓊工業指數的「道瓊工業平均指數基金」，股票代號 DIA；以及追蹤那斯達克指數的「那斯達克 100 指數基金」，股票代號 QQQ。只要你認為美國未來仍然前景可期，就不可以錯過這三大 ETF。甚至還有針對整體美國股市的 VTI，或是另外二檔追蹤 S&P500 指數的 IVV（iShares Core S&P 500 ETF）、VOO（Vanguard S&P 500 ETF）等標的可以選擇；這些 ETF 的績效表現向來穩健

且出色！這幾檔 ETF 都是想要前往美國股市淘金的投資朋友必須知道的口袋名單。

追蹤標的	指數型 ETF	股票代號
S&P500 指數	史坦普 500 指數基金	SPY
S&P500 指數	核心 S&P500 ETF	IVV
S&P500 指數	Vanguard S&P500 ETF	VOO
道瓊工業指數	道瓊工業平均指數基金	DIA
那斯達克指數	那斯達克 100 指數基金	QQQ
CRSP 美國全市場指數	Vanguard 整體股市 ETF	VTI

　　現在，我們就來針對全球最為吸睛的三檔 ETF——SPY、DIA、QQQ，做進一步的詳細介紹。

☆ 史坦普 500 指數基金

縮寫是 SPDRs，股票代號 SPY，是這三支 ETF 之中最早問世的；它從 1993 年開始發行，也是全球第一檔的 ETF。

　　由於 SPDR 的發音和英文的「蜘蛛」（spider）發音相近，而且當初推出該檔 ETF 時，也是搭配一隻吐絲的蜘蛛，讓人印象深刻，從此「蜘蛛」就成 它的暱稱。SPDRs 是以 S&P500 指數為追蹤標的，投資組合與比例，完全和 S&P500 指數一樣，每單位的發行淨值被設定為 S&P 500 指數市值的 1/10。換句話說，投資人只要花上 S&P 500 指數市值 1/10 的金額，就等於可以一次買入全美前 500 大企業的股票組合。看好美國股市的投資人自是對其青睞有加。從它發行以來，幾乎一直就是 ETF 界的龍頭股，也是全美資產總額最高、交易量最大的 ETF！

　　SPDRs 當初在 1993 年上市時，每單位股價大約是 43 美元；但是隨著標普 500 指數的翻漲，該 ETF 的價格也是翻

了好幾番！我們看看從 1993 年「蜘蛛」出世，一直到本書截稿前的 2018 年 7 月，這將近 25 年之間，S&P500 指數從 430 點上漲至 2800 點左右，SPDRs 也從 43 美元上漲到 280 美元以上，漲幅超過六倍！

除了「蜘蛛」，比較知名的類似 ETF 還有 MDY，它是追蹤 S&P 400 指數；另外還有追蹤標準普爾金融行業的 XLF，以及追蹤標準普爾科技行業的 XLK，這幾個也是外幣投資人會關注的 ETF。

「史坦普 500 指數基金」的基本資料

基本資料			
管理費用	0.09%	成立日期	01/22/1993
資產類別	股票型	交易所	紐約證交所(NYSE)
市值規模	大型股類	在外流通股數	741,830,000
投資風格		淨資產	97,493,690,000
發行商	美國	選擇權	Y
指數提供者	Standard & Poors	可否融資	Y
投資區域	除日本以外/美國	可否放空	Y
投資管理方式	被動式管理	持有證券數目	501
追蹤指數	S&P 500	本益比	12.51
指數加權方式	市值加權	股價淨值比	2.04
ETF結構	單位投資信託	Beta vs S&P500	--
配息頻率	季配息	3年標準差	--

圖片來源：鉅亨網

「史坦普 500 指數基金」近十年的股價走勢圖

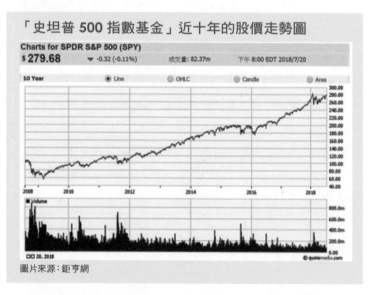

圖片來源：鉅亨網

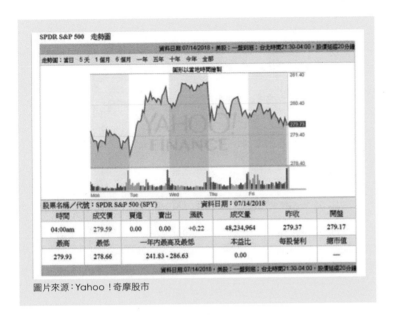

圖片來源：Yahoo！奇摩股市

　　2018 年開始，因為經濟數據表現良好，各界普遍預期
美國聯準會（Fed）將積極「縮表」──也就是不僅會升息，
而且還會「升升不息」；這也表示，美國的榮景是由 Fed「認
證」的，股市的表現自然也不含糊。除了前述的標準普爾
500 指數已經一馬當先之外，另外二個指數「道瓊工業平均
指數」、「那斯達克指數」的表現，當然也是不容小覷！接
著，我們來介紹和這二個指數連結的 ETF：「道瓊工業平均
指數基金」和「那斯達克 100 指數基金」。

⭐ 道瓊工業平均指數基金

股票代號 DIA，於 1998 年在紐約證交所掛牌上市；因為其
股票代號，被市場暱稱為「鑽石」（diamond）。它所追蹤
的指數就是道瓊工業指數（Dow Jones Industrial Average）。

　　眾所周知，道瓊工業指數的成分股都是美國的藍籌股，
也就是所謂的大型股，例如 IBM、微軟、3M、麥當勞、可
口可樂、美國運通銀行、迪士尼等等，其中 IBM 占 5% 左右、
3M 占 7% 左右、麥當勞占 5% 左右。「道瓊工業平均指數

基金」當初每單位的發行淨值設定為道指的 1/100，所以掛牌上市時的股價為 77.81 美元；到了 2018 年 7 月，股價已突破 250 美元，股價成長將近四倍；而道瓊工業指數也創下歷史新高，曾經突破 26000 點！

「道瓊工業平均指數基金」的基本資料

投資目標 2018-02-20

SPDR Dow Jones Industrial Average ETF Trust is an investment trust incorporated in the USA. The Trust consists of a portfolio representing all 30 stocks in the Dow Jones Industrial Average. The Trust entitles its holders to proportional monthly cash payments representing dividends paid by the underlying stocks. The Initial Index ratio upon inception was 1/100 of INDU.

基本資料

管理費用	0.18%	成立日期	01/14/1998
資產類別	股票型	交易所	紐約證交所(NYSE)
市值規模	大型股類	在外流通股數	89,490,000
投資風格	核心型類	淨資產	11,286,005,450
發行商	美國	選擇權	Yes
指數提供者	Dow Jones & Company	可否融資	Y
投資區域	美國	可否放空	Y
投資管理方式	被動式管理	持有證券數目	33
追蹤指數	Dow Jones Industrial Average	本益比	11.88
指數加權方式	價格加權	股價淨值比	2.60
ETF結構	單位投資信託	Beta vs S&P500	0.88
配息頻率	月配息	3年標準差	--

圖片來源：鉅亨網

「道瓊工業平均指數基金」近十年的股價走勢圖

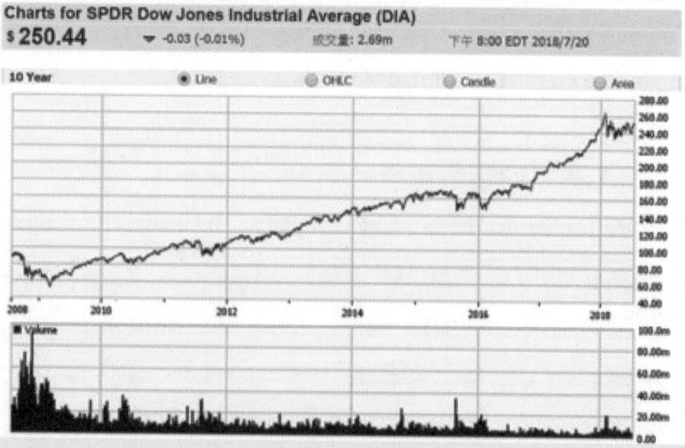

圖片來源：鉅亨網

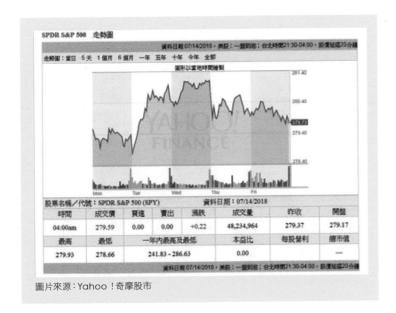

圖片來源：Yahoo！奇摩股市

⭐ 那斯達克 100 指數基金

股票代號 QQQ，是這三檔大型 ETF 中最晚掛牌的。它於
1999 年在那斯達克掛牌交易，暱稱「邱比」。

QQQ 是追蹤科技股雲集的那斯達克指數的 ETF，每單
位發行淨值設定為 Nasdaq 100 指數的 1 ／ 40。上市股價
為 29.83 美元，當時正值網路股盛行的階段，股價一度飆到
120 美元；隨後遭逢網路泡沫化、股價崩盤，2001 年 4 月時，
股價最低點收在 34.05 美元。度過網路泡沫危機之後，在
2008 年金融海嘯時期，更低點收在 25.56 美元。隨後，它的
股價起起伏伏；直到 2018 年 7 月，股價已經接近 180 美元，
比剛上市的時候翻漲逾五倍。

由於這三檔 ETF 是追蹤美股的三大指數；買進這三檔
ETF，等於投入少部分的資金，就可以擁有美國的藍籌股、
大型股和強勢股，未來令人充滿期待！尤其是這三檔 ETF
的股價並不算昂貴，因此深受國際投資人的喜愛。特別是在
美國景氣翻揚的此際，這三檔 ETF 的交易量幾乎一直是排
行榜的前三名！而其股價長線上漲的動能，更是讓投資人前

「那斯達克 100 指數基金」基本資料

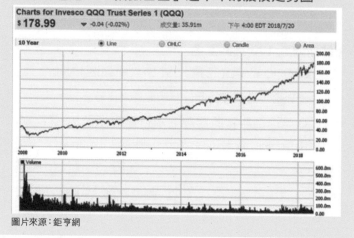

基本資料			
管理費用	0.2%	成立日期	3/10/1999
資產類別	股票型	交易所	
市值規模	多重型股類	在外流通股數	484,250,000
投資風格	成長型類	淨資產	21,913,220,000
發行商	美國	選擇權	Y
指數提供者	NASDAQ	可否融資	Y
投資區域	美國	可否放空	Y
投資管理方式	被動式管理	持有證券數目	--
追蹤指數	NASDAQ 100 Index	本益比	15.96
指數加權方式	市值加權	股價淨值比	3.68
ETF結構	單位投資信託	Beta vs S&P500	2.34
配息頻率		3年標準差	--

圖片來源：鉅亨網

「那斯達克 100 指數基金」近十年的股價走勢圖

圖片來源：鉅亨網

仆後繼、爭相將資金投入這三檔 ETF。想要聰明布局外幣資產，這三檔 ETF 實不容輕易錯過！

美股包羅萬象，如何下手？這樣把美國整個買下來

(Q) 只要買進這三檔 ETF，基本上，就已經包含美國大部分的類股了？

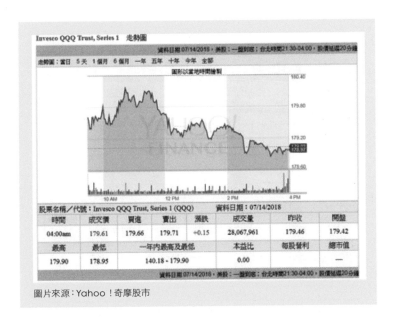

圖片來源：Yahoo！奇摩股市

Ⓐ除了這三檔較為知名的 ETF 之外，也有很多評價不錯的標的值得參考。例如上述提到的 VTI 是針對整體美國股市，買進這一檔 ETF，可說是把美國整個買下來了！這檔 ETF 含括的範圍非常廣，而且其成分股當中，並沒有特別集中在少數幾檔個股。以全球市值最高的蘋果公司（股票代號：AAPL）而言（2018 年 7 月中旬，市值約 9400 億美金），VTI 持有的百分比也極少；即便蘋果公司真的倒了，投資該檔 VTI 的投資人也只會承受約 2% ～ 3% 的損失。相較於臺灣 50 之中占比最高的臺積電，約當占了 32% 以上（「假設」臺積電經營不善，買入 0050 的人就會虧掉至少三成），這樣我們就可以知道 VTI 的深度及廣度了。

另外，美國是消費大國，其消費占 GDP 約七成左右；如果投資朋友看好未來美國的消費將穩定地成長，那麼可以考慮 XLP（道富 SPDR 主要消費品指數基金；專注於美國必需型消費類股）或 XLY（道富 SPDR 可選擇消費品指數基金；專注於美國非必需型消費類股）這二檔消費型 ETF。這二檔

股票			
證券代碼	證券名稱	持股權重(%)	股數
1101	台泥	0.85	14,156,257
1102	亞泥	0.50	9,250,932
1216	統一	2.19	19,120,713
1301	台塑	2.96	19,421,810
1303	南亞	2.68	22,519,064
1326	台化	2.19	13,655,005
1402	遠東新	0.71	15,648,295
2002	中鋼	1.69	49,307,134
2105	正新	0.47	7,312,476
2301	光寶科	0.47	8,482,385
2303	聯電	1.19	47,227,447
2308	台達電	1.26	8,616,086
2317	鴻海	7.19	59,494,479
2327	國巨	1.78	1,547,890
2330	台積電	32.23	95,773,277

資料來源：元大臺灣卓越 50 基金；詳細基金成分股 2018 年 7 月 20 日

消費型 ETF 的差別主要在於，如果你認為未來美國的景氣會穩定地趨向繁榮，可以預期美國人民將有更多的非必需型消費，這時候，XLY 這檔產業型 ETF 的表現就會比 XLP 要來得好，甚至還有可能超越大盤的表現。

像這樣較為特殊、針對某一種產業或觀念的產業型 ETF，在美國金融市場可以找到，但是在其他地方（例如臺灣）的股票市場，未必會有類似這樣的一檔 ETF，可以把主要的消費類型相關公司股票都包含在一起。這也是想要賺遍全世界，就絕對不能錯過美國金融市場的主要原因之一。

而由於目前已經有愈來愈多的投資人開始認識並且以 ETF 當作主要的資產配置標的，ETF 在市場的交易量也因此日漸熱絡。例如美國的三大證券交易所每天的成交量之中，有一半以上來自 ETF 交易。其中交易量較大、也比較知名的，是以下這十檔 ETF，我們在此整理出來，提供給讀者參考：

代號	產品名稱
DIA	SPDR 道瓊工業平均指數 ETF
EEM	iShares MSCI 新興市場指數 ETF
EFA	iShares MSCI 歐美亞指數 ETF
FXI	iSharesFTSE 富時新華指數 ETF
IWM	iShares 羅素 2000 中小型股指數 ETF
QQQ	PowerShares QQQ Trust, Series 1 納斯達克 100 指數 ETF
SPY	SPDR 標普 500 指數 ETF
VTI	Vanguard 整體股市 ETF
VWO	Vanguard FTSE 新興市場 ETF
XLF	SPDR 金融類股 ETF

全方位資產配置，不可少的投資組合

(Q) 要如何透過在美國掛牌的 ETF，做好全球、全方位的資產配置？

(A) 想布局全球的主要市場，其實有聰明又有效率的方法，例如有一檔很知名、成交量也大、可分散到全球的 ETF——iShares MSCI 全世界國家指數 ETF（代號 ACWI）就是可以參考的標的。如果想要更仔細區分各主要市場，還可以關注 VTI（Vanguard Total Stock Market，美國整體股市 ETF）、VGK（Vanguard FTSE Europe，FTSE 歐洲 ETF）、VPL（Vanguard FTSE Pacific，Vanguard FTSE 太平洋 ETF），以及 VWO（Vanguard FTSE Emerging Markets，Vanguard FTSE 新興市場）等四檔 ETF，分別代表美國、歐洲、亞太地區以及新興市場。如果買進這四檔 ETF，幾乎是把全世界的市場都放入你的投資組合了。除非全球一片慘澹、同步沉淪，要不然隨著全球景氣的循環、區域性的經濟輪動，一定會有 ETF 在幫你賺錢的。

而近期也有很多新領域的 ETF 搶進市場，例如著眼於「人口老化的醫療照護相關 ETF」；因為全球股市漲多、擔心市場波動大、想要有固定收益的「防禦類型 ETF」；人工智慧、創新科技且具有長線增長潛力的「科技類型 ETF」；還有因為全球景氣平穩復甦，穩定成長的「消費類型 ETF」等，都是投資朋友可以關注的 ETF。

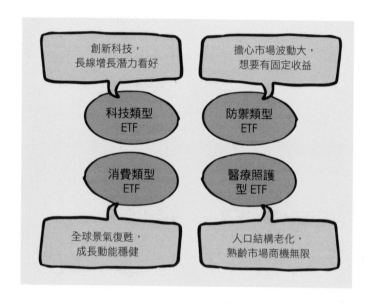

　　關於新領域的 ETF，目前成交量較大、較受市場矚目的，有以下這幾檔 ETF，值得投資朋友參考：

產業	代號	名稱
科技	FDN	第一信託道瓊網路 ETF
科技	PGI	Invesco 中國金龍 ETF
消費類	IYK	iShares 美國民生消費 ETF
醫療照護	PSCH	景順標普小型健康照護 ETF
防禦類型	ALTY	GLOBE X 超級股息另類 ETF

資料來源：華南永昌財富管理部

　　美股 ETF 是全世界產品線最為齊全的地方，從最常見的大盤指數到單一國家、單一產業、商品原物料（黃金、白銀、石油、農產品等）、匯率到利率等面向，只要投資人有想法，就可以組合出很多精采的投資組合；換句話說，在美國股市，投資朋友可以輕易透過眾多的 ETF 商品，布局遠在天邊的海外各地市場，而這些都是很多國家的股市無法提供的機制。想讓自己的投資組合更有效率、更加多元化，謹慎挑選美股 ETF，將是你財富增值的關鍵！

　　最後，我們整理了本地銀行及證券公司財富管理部經常提供給客戶的美股 ETF 名單，供有興趣的讀者朋友進一步研究：

產品名稱
ACWI iShares MSCI 全世界指數 ETF
EEM iShares MSCI 新興市場指數 ETF
EPP iShares MSCI 太平洋不含日本指數 ETF
EWG iShares MSCI 德國指數 ETF
EWJ iShares MSCI 日本指數 ETF
EWT iShares MSCI 臺灣指數 ETF
EWZ iShares MSCI 巴西指數 ETF
ILF iShares 標普拉丁美洲 40 指數 ETF
IWM iShares 羅素 2000 小型股指數 ETF
IWS iShares 羅素中型價值股指數 ETF
IYZ iShares 道瓊美國電信類股指數 ETF
PBJ PowerShares Dynamic 食品與飲料業 ETF
GUR SPDR 標普新興歐洲 ETF
SPY SPDR 標普 500 指數 ETF
XLE SPDR 能源類股 ETF
XLI SPDR 工業類股 ETF
XLP SPDR 必需性消費類股 ETF

資料來源：凱基銀行

產品名稱
XLV SPDR 健康照護類股 ETF
XRT SPDR 標普零售業 ETF
GDX Market Vectors 黃金礦業 ETF
RSX Market Vectors 俄羅斯 ETF
DVY iShares 道瓊精選高股利指數 ETF
EFA iShares MSCI 歐澳遠東指數 ETF
EWA iShares MSCI 澳洲指數 ETF
EWH iShares MSCI 香港指數 ETF
EWS iShares MSCI 新加坡指數 ETF
EWY iShares MSCI 南韓指數 ETF
FXI iSharesFTSE 中國 25 指數 ETF
IWD iShares 羅素 1000 大型價值股指數 ETF
IWN iShares 羅素 2000 小型價值股指數 ETF
IYR iShares 道瓊美國房地產指數 ETF
THD iShares MSCI 泰國指數 ETF
PBW PowerShares WilderHill 乾淨能源 ETF
MDY SPDR 標普 400 中型股 ETF
XLB SPDR 原物料類股 ETF
XLF SPDR 金融類股 ETF
XLK SPDR 科技類股 ETF
XLU SPDR 公用事業類股 ETF
XLY SPDR 非必需消費類股 ETF
XME SPDR 標普金屬與礦產業 ETF
MOO Market Vectors 農業企業 ETF
VGK Vanguard MSCI 歐洲 ETF
VPL Vanguard MSCI 太平洋 ETF
AAXJ iShares MSCI 亞洲不含日本指數 ETF
DBA PowerShares 德銀農業 ETF
82822CSOP 富時中國 A50ETF

資料來源：凱基銀行

產品名稱
83188 華夏滬深 300 指數 ETF
USO United States 石油 ETF (限專業投資人)
VTI Vanguard 整體股市 ETF
QQQ PowerShares 納斯達克 100 指數 ETF
VWO Vanguard FTSE 新興市場 ETF
EWP iShares MSCI 西班牙指數 ETF
VNM Market Vectors 越南 ETF
ASHR Deutsche X-trackers Harvest 滬深 300 中國 A 股 ETF
GXC SPDR 標普中國指數 ETF
HEWG iShares 匯率避險 MSCI 德國 ETF
HEZU iShares 匯率避險 MSCI 歐元區 ETF
IEF iShares 7-10 年期美國公債 ETF
BOND Pimco 總報酬主動型 ETF
JNK SPDR 巴克萊高收益債 ETF
AGG iShares 美國核心綜合債券 ETF
EUO ProShares 二倍放空歐元 ETF
UDN PowerShares 德銀放空美元指數 ETF
UCO ProShares 二倍做多彭博原油 ETF
NUGT Direxion Daily 三倍做多黃金礦業指數 ETF
AFK Market Vector 非洲指數 ETF
ECH iShares MSCI 智利指數 ETF
EWU iShares MSCI 英國 ETF
GLD SPDR 黃金 ETF
SH ProShares 放空型標普 500 指數 ETF
83100 易方達中證 100 ETF
83118 嘉實明晟 A 股 ETF
DIA SPDR 道瓊工業平均指數 ETF
UGA United States 汽 油 ETF (限專業投資人)
IVV iShares 核心標普 500 指數 ETF

資料來源：凱基銀行

產品名稱
VDC Vanguard 必需性消費類股 ETF
SCIF Market Vectors 印度小型股指數 EIF
EWQ iShares MSCI 法國指數 ETF
PEK Market Vectors 中國 A 股 ETF
MCHI iShares MSCI 中國 ETF
DXJ WisdomTree 日本股票匯率避險 ETF
HEDJ WisdomTree 歐洲股票型匯率避險 ETF
SHY iShares 1-3 年期美國公債 ETF
TLT iShares 20 年期以上美國公債 ETF
HYG iShares iBoxx 高收益公司債券 ETF
LQD iShares iBoxx 投資等級公司債券 ETF
ULE ProShares 二倍做多歐元 ETF
UUP PowerShares 德銀作多美元指數 ETF
CYB WisdomTree 人民幣策略主動型 ETF
XPP ProShares 二倍做多 FTSE 中國 50 指數 ETF
DUST Direxion Daily 三倍放空黃金礦業指數 ETF
DFE WisdomTree 歐洲高股利小型股 ETF
EPI WisdomTree 印度高盈利指數 ETF
EWW iShares MSCI 墨西哥指數 ETF
EZA iShares MSCI 南非 ETF
FDN First Trust ISE 網路指數 ETF
IDX Market Vectors 印尼指數 ETF
IYW iShares 美國科技 ETF
MXI iShares 全球原物料 ETF
PJP PowerShares Dynamic 製藥業 ETF
SMH Market Vectors 半導體 ETF
VIG Vanguard 股利增值 ETF
GLL ProShares 二倍放空黃金 ETF
UVXY ProShares 二倍做多波動率指數短期期貨 ETF

資料來源：凱基銀行

產品名稱
YCS ProShares 二倍做空日圓 ETF
IYT iShares 運輸平均 ETF
VTIP iShares 短期抗通膨債券 ETF
EIDO iShares MSCI 印尼 ETF
ROBO 全球機器人與自動化指數 ETF
SCO ProShares 二倍放空彭博原油 ETF
EZU iShares MSCI 歐盟 ETF
IBB iShares 納斯達克生技 ETF
IBB iShares 美國醫療設備 ETF
KRE SPDR 標普地區性銀行 ETF
PIN PowerShares 印度 ETF
SKYY First Trust ISE 雲端運算 ETF
TUR iShares MSCI 土耳其 ETF
XHB SPDR 標普房屋建商 ETF
SVXY ProShares 放空波動率指數短期期貨 ETF
VIXY ProShares 波動率指數短期期貨 ETF
EPHE iShares MSCI 菲律賓 ETF
TIP iShares 抗通膨債券 ETF
IHI iShares 美國醫療設備 ETF
PFF iShares 美國優先股 ETF
EWM iShares 馬來西亞指數 ETF

資料來源：凱基銀行

第3天　第3小時

與時俱進：
征戰一帶一路的陸股商機

2018 年中，受到中美貿易戰的影響，不僅人民幣貶幅驚人，滬深二個股市也因此而跌跌不休。然而國際市場上的長線投資人卻認為，中國大陸因為這些利空事件的淬煉，反而相對「美而廉」。特別是 2018 年6月，大陸「A股入摩」之後的長線行情，以及暨跨國又跨洲際的「一帶一路」商機，勢必在未來陸續引爆。所以，如果你也看好大陸未來的發展契機，準備「錢進」、「登陸」的話，ETF 會是你最有效率的選擇！

- 中國大陸相對「美而廉」，一帶一路＋入摩契機，不容錯過
- 中國指數這麼多，這樣挑就對了
- 投資陸股 ETF，參與中國多頭行情

（單元重點）

中國相對「美而廉」，一帶一路＋入摩契機，不容錯過

Q 很多人擔心中美貿易戰將使中國經濟成長失去動能，甚至會加碼演出中美貨幣戰；如此一來，中國還值得納入投資組合嗎？

A 2018 年春天開始，美國就開始對很多國家啟動貿易戰，加拿大、墨西哥這二個美國的鄰居首當其衝。之後，就是美國針對既愛（大陸是美國最大的債權國——也就是美國政府沒錢，都是跟大陸借的）又恨（大陸是美國的最大貿易逆差國，美國總統川普宣稱，很多美國人之所以沒有工作機會，都是大陸害的）的中國大陸，啟動貿易戰了。這樣的貿易戰，在 2018 年中，的確方興未艾，甚至有人擔心是否會演變成貨幣競貶的貨幣戰爭。這樣的擔心，造成上海股市 2018 年上半年的走勢每況愈下，以及人民幣的重挫、狂貶。

上海股市 2018 年每況愈下的走勢

資料來源：Yahoo！奇摩股市

人民幣對美元匯率，自 2018 年初，從 6.3 一路貶破 6.7

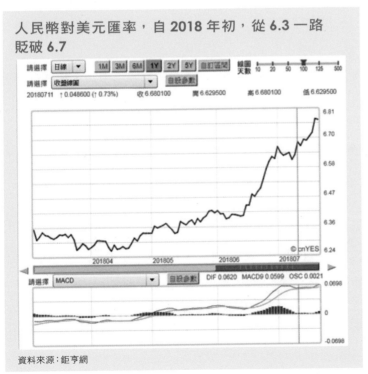

資料來源：鉅亨網

然而，準備「錢進」、「登陸」的國際資金，卻依然前仆後繼。分析其中的主要因素，除了因為 2016 年 10 月 1 日，國際貨幣基金（IMF）正式將人民幣納入由五種儲備貨幣所組成的「特別提款權」（SDR）之外（其中人民幣權重排名第三，達到 10.92%，低於美元的 41.73%、歐元 30.93%，但卻高於日圓的 8.33% 與英鎊的 8.09%），再就是 2018 年 6 月 1 日，MSCI 明晟公司正式於 MSCI 指數體系納入 A 股，令人驚艷；還有暨跨國又跨洲際的「一帶一路」商機，勢必將在未來陸續引爆。因此，雖然短線有中美貿易戰的干擾，長線卻依舊相當「吸金」。

Q 人民幣納入特別提款權，有什麼特殊的意義嗎？

A 國際貨幣基金將人民幣正式納入「特別提款權」之後，等同昭告世人：人民幣地位等同黃金、美元、歐元和日圓，大幅提升了人民幣在國際間的地位。而且，人民幣納入 SDR，權重也僅次於美元、歐元，反映出中國大陸再也非昔日吳下阿蒙！加上近年來，中國各項經濟指標的亮眼表現，躍居全球第二大經濟體，也吸引全球的資金紛紛向其靠攏、進場卡位。想要做好全球資產配置，怎麼可以缺了中國大陸這塊拼圖？

Q 那麼一帶一路，又有怎樣的商機？

A 所謂的「一帶一路」（One Belt And One Road，簡稱 OBAOR；或稱為 One Belt One Road，簡稱 OBOR；或稱 Belt And Road，縮寫為 BAR），是「絲綢之路經濟帶」（一帶）和「21 世紀海上絲綢之路」（一路）二者簡稱的合稱，是由中國國家主席習近平於 2013 年 9 月和 10 月分別提出的經濟合作概念，屬於跨國經濟帶，也成為本世紀中國對外的主要經濟戰略。（資料來源：維基百科）

　　所謂的「一帶一路」並不是一個實體機制，而是一種合作發展的理念與倡議；它借用古代「絲綢之路」的歷史符號，讓中國透過既有的多邊機制，發展和沿線國家及地區的經濟合作夥伴關係。這一跨國規畫涉及 60 個國家，包括煤氣、礦產、電力、電信、基礎設施、農業等總量超過 900 個投資項目，投資資金超過 8900 億美元。這筆天文數字的投資計畫案，讓中國國家主席習近平預期在未來十年內，一帶一路將創造約 2.5 兆美元的附加價值，也將推動亞、歐互聯互通產業合作，促成利益融合的亞、歐經貿開放大市場。而對於中國的商機，則從基礎建設、交通運輸、鋼鐵水泥、機械設備、能源建設到商貿旅遊等內需市場，使中國的經濟翻倍成長。（資料來源：瀚亞投信）

　　因為國際間對這個計畫寄予厚望，因此也影響了國際間的資金蜂擁而至。關注中國大陸，就必須持續重視這個議題。

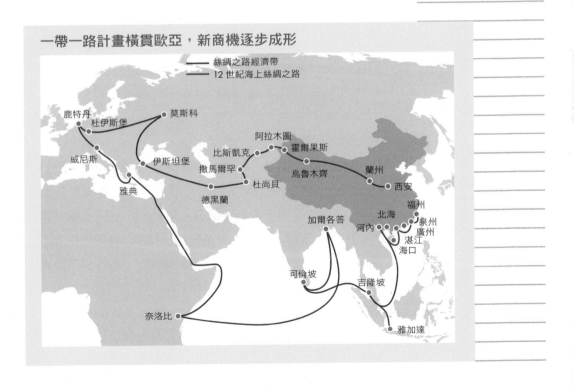

一帶一路計畫橫貫歐亞，新商機逐步成形

絲綢之路經濟帶
12 世紀海上絲綢之路

Q 那麼 A 股入摩，又有怎樣的商機？

A MSCI 明晟公司在 2018 年 6 月 1 日，終於在「MSCI 指數體系」納入 A 股，代表中國股市將日趨國際化，國際間的投資人也對中國大陸金融市場的逐漸開放，表達正面的態度，未來勢必有更多投資人願意持有人民幣以及人民幣計價的資產。換句話說，國際間對中國大陸的投資需求亦將相對提升。

此外，近幾年的中國市場內需轉趨強勁，外界普遍認為有很高的發展潛力。在內外皆美的情況下，人民幣相關資產也就愈來愈值得投資朋友納入、成為個人資產配置的一環。

根據滙豐銀行統計，以往新興市場國家一旦讓 MSCI 納入指數成分，短中長期都是一項利多！例如臺灣在 1996 年 9 月納入 MSCI 指數成分之後，當季臺股上漲 5.7%；納入後一年，漲幅則高達 51.2%。而同一時期，外資在臺股持股比例也逐年增加達到四成之多；是典型的「吸金」也「吸睛」！

而中國目前已是全球第二大經濟體，但在 A 股入摩之前，全體外資持有中國 A 股占市值比重卻一直相對偏低；即便在 2014 年底的「滬港通」、2016 年的「深港通」之後，根據元大投信的統計資料顯示，外資持有 A 股占市值比重，大概都維持在 2% 以下；2014 年至 2016 年的資金流入也相對不高，不過 500 億人民幣上下。

時至 2018 年中，中國大陸 GDP 占全球高達 15.3％，A 股整體市值也達到全球 10.7％，但是資金投資 A 股比重卻只有 2.5％，其間差異相當顯著。而一旦在中國金融市場逐漸透明化、直接金融的效率提高、人民幣日趨國際化之下，再結合 2025 中國製造及內需升級等概念，提高未來經濟成長動能，勢必會讓外資願意加碼進場、擴大投資；因此，外資也會源源不絕地匯進中國大陸。對於在臺灣的投資人來說，大陸入摩的這一步，對於個人財富的增值也將會是個好起步。而要如何搶占先機，或者最低限度也要不落人後，該

如何做到呢？在這麼多的投資工具當中，ETF 可以說是最容易上手、也是最有效率的。

中國指數何其多，這樣挑就對了

（Q）同樣是上證指數，有 180 指數，也有 50 指數，這當中有什麼差別嗎？

（A）由於 ETF 價格的漲跌表現和它所連動的指數有關，因此，連結到什麼指數，就跟它未來的報酬率高低有絕對的關係。例如，如果你看好上海交易所的表現，就可以買進連動上證指數的「FB 上證」、「元上證」、「上證 50」、「上證 2X」等 ETF；這幾檔的差別，在於連動的「成分股指數」不同，有的成分股是 180 檔，有的只有 50 檔。另外，如果你極度看好上證指數的表現，還可以大力買進「上證 2X」，因為它連動的是上證 180 二倍槓桿指數的表現。反之，如果你認為這一陣子上證股市會回檔，就可以選擇「上證反」或「滬深反」，幫自己的部位掛保險；或者是賺取下跌時的波段財。這種純粹只是對於股市大盤的方向（是漲或是跌）有看法，而不是針對個股有明確的多空或目標價是多少而胸有成竹的投資人來說，是一種很方便參與大陸股市上漲（下跌）行情的投資方式。只不過投資陸股 ETF 仍然有幾個「撇步」要注意，我們整理如下，供投資朋友參考（更詳細的內容，請參考《3 天搞懂中國投資》）。

☆ 撇步 1　買進「槓桿」與「反向」的 ETF，就有融資、融券的效果

目前在證交所掛牌上市連結陸股的 ETF，有所謂「二倍槓桿指數」、「反向指數」，也就是針對上證 180 指數，推出二倍槓桿效果的「上證 2X」ETF，或是和上證 180 指數走勢相反的「上證反」反向 ETF。

所謂的槓桿 ETF，就是把所連動的「標的指數波動幅度」放大 N 倍；這就和臺灣投資人使用融資買進個股一樣，可以獲得 2.5 倍「放大」效果；當然，萬一你看錯方向，也是以同等倍數虧損。

　　以買進「上證 2X」為例，假設上證 180 指數當日上漲 1%，那麼你買進「上證 2X」，「理論上」而且「單日」應該會上漲 2%，那麼你就可以擁有加倍的獲利。但如果當日上證 180 指數下跌 1%，那麼「上證 2X」的價格就會下跌 2%。這裡說的「理論上」，是因為 ETF 會隨著它所追蹤的指數不同而有不同的追蹤誤差，所以不見得會有剛好 N 倍的漲跌幅。

　　而反向 ETF，顧名思義，就是直接和所連動的標的指數漲幅相反。例如買進「上證反」，就是你預期上證指數最近走勢疲軟，將有回檔的走勢；因此當上證 180 指數果真下跌 1% 時，你所買進的「上證反」的價格反倒會上漲 1%（這個百分比，跟前述一樣，也只是「理論上」的，而且是「單日」）。這就好比你看壞個股，你會想融券放空的道理一樣。可是你放空個股，有時會遇到「無券可空」或是「停資停券」的情形；但是買進反向型 ETF，卻不必擔心發生這種情形，當然也沒有融券需要「強制回補」的困擾。

　　由於陸股受到國內外因素影響的波動程度日益擴大，如果可以採取操作這種槓桿或反向型的 ETF，那就是多空皆宜，投資人可以把資金效益極大化。更何況這一類型的 ETF 雖然兼具融資、融券、可用較小的本金取得槓桿的效果，卻又不必支付融資的利息費用或是借券費，也不會有融資斷頭、融券回補的壓力，可以說是積極投資人的首選。

　　但要提醒投資朋友注意的是，因為大陸股市開放程度愈來愈高，未來陸股因為國際性因素而波動的程度也將日漸提高，投資之前務必要善設停利及停損點，免得紙上富貴一場，或是有超額損失的憾事發生。

⭐ 撇步 2 追蹤指數的成分股不同，ETF 的走勢就不同

我們在前面的章節曾經提到，各檔 ETF 所追蹤的指數不大一樣；既然追蹤的指數不同，績效也就會有所差異。其間的差異，可以進一步的解釋如下：

首先，可以從指數內所追蹤的產業來考量。目前在臺灣掛牌的陸股 ETF 所追蹤的指數包括：上證 180、上證 50、滬深 300、富時中國 A50、深證中小板指數、以及 MSCI 中國指數等數種。其中上證 50 及富時中國 A50 所包含的大型藍籌股較多；滬深 300 以及深證中小板指數所包含的，則較偏向中型股。因為截至 2018 年的 7 月，上海證交所上市的公司有超過 1200 檔、深圳證交所則有 2100 多家上市，如果只挑選其中的前 50 名，自然會比較偏向大型藍籌股。但是滬深 300 則是挑選在上海與深圳掛牌上市的市值前 300 名；相對地，中型類股占比就會比較多。

如果投資朋友看好未來中國大陸的發展潛力，或者著重於中國大陸的內需市場的話，可以「滬深 300 指數」為主；因為在深圳證交所掛牌的公司，較偏重內需市場。投資朋友可以進一步根據你自己的偏好以及當時的市場走勢，選擇相對應的 ETF 來布局，搭上獲利列車。

和「臺灣 50」指數成分股定期更新一樣（目前是每季），追蹤大陸的每個指數的成分股也會定期更動，例如滬深 300 指數是每半年會更動一次，各個證交所也會提前公告是否有成分股遭到下市、併購或更換的情形。這些都能夠直接在上海、深圳、香港等三個證交所網站查詢，投資朋友可以隨時上網得知更新的資訊，做好動態的資產配置。

中證指數有限公司關於指數系列的資訊

資料來源：中證指數有限公司

⭐ 撇步 3 陸港股 ETF 的交易單位與臺股不同

知道各個 ETF 所連結的標的指數有所不同之外，投資人還必須瞭解這些跨境掛牌的 ETF，其交易單位是有別於臺灣的。大家習以為常的臺灣股市，每交易一個單位（一張），就是 1000 股，可是上述的 ETF 交易單位，就不一定都是 1000 股。例如「上證 50」也和香港證交所規定一樣，一張為「100」股。這些和臺股交易習性不同的地方，我們在投資之前可要特別注意，做好資金的控管才是。

⭐ 撇步 4 陸股 ETF 沒有漲跌幅限制而且沒有配息

從 2015 年 6 月起，臺股的漲跌幅由 7% 放寬至 10%，因此相對應的臺股 ETF，譬如臺灣 50 指數股票型基金（臺股代號 0050），就有漲跌幅最大 10% 的限制。但由於近期陸股的波動起伏比臺股來得大，再加上投資陸股的 ETF 不像臺股有漲跌幅最大 10% 的限制，所以投資人在下單時要注意風險控

管，最好是掛限價單來買進或賣出，不要用市價掛單，這樣可以避免買賣在非常不合理的價位，導致產生虧損。

另外還要提醒投資朋友的是，投資臺股的 ETF 除了可以賺取價差之外，向來都有配息的機制，而且在市況好的時候，往往還會填息。可是，目前在臺灣掛牌交易，和陸股有關的 ETF 都沒有配息的機制。那麼，當所追蹤連結的標的成分股有配股、配息時，ETF 會直接反應到淨值之中，並沒有配息這一部分可以期待；換句話說，投資人買進陸股的 ETF 只能靠賺取價差來獲利而已（但是在美國掛牌的 ETF，有些是有配息的）。

投資陸股 ETF，是散戶投資人參與陸股行情最為簡便的一種投資方式，但是要提醒投資朋友，買賣上述的陸股 ETF，最好採取「分批進場、分批出場」的操作策略。這是因為陸股的 ETF 走勢與上證 50、上證 180 等各指數的連動關係至為密切，所以在大陸股市波動加劇時，由於我們是跨境的投資人，應該要密切注意相關指數的走勢，避免自己的財富縮水。

中國大陸相關指數成分股差異

中國大陸相關指數	成分股
上證 50	在上海證券交易所掛牌的前 50 大市值公司，以金融類股為主
上證 180	在上海證券交易所掛牌的前 180 大市值公司
滬深 300	包括上證、深證前 300 大市值公司
深證 100	深證 100 檔 A 股，包括藍籌股與深證中小板、創業板的成長企業
MSCI 中國 A 股	總共有 234 檔，包括一線藍籌與二線藍籌股；納入醫療、資訊科技、工業及原物料等中國新經濟產業，且其占比在三成以上

資料來源：Yahoo！奇摩理財

投資陸股 ETF，參與中國多頭行情

Q 有了一帶一路、入摩等題材，那麼未來投資中國大陸，可以留意哪些方向？

A 中國大陸過去多半是以投資拉動經濟，有俗稱的「鐵公基題材」（所謂的「鐵公基」是指：鐵路、公路、基礎建設）；再加上市值頗大的金融股撐住盤面，因此，以往投資人投資的主軸是以這二者為主。

但是近年來，中國經濟發展的重點開始轉向內需消費，於是，國內外的資金有陸續轉往二線消費、醫療、通訊技術等趨勢。因此，建議投資朋友未來投資陸股的方向，可留意「新經濟」題材。

所謂「新經濟」題材，自然是有別於上述提到的、以往重視的金融類股以及「鐵公基題材」，現在可以多加注意的，包括：醫療、醫藥、環保、基礎建設、網通、軟體服務、消費類股，或國企改革企業，以及電子商務、物流等新興市場明星概念股。

而如果投資朋友在短期內還沒有太多時間投入研究陸股各產業及個股的基本面，一樣可以透過投資陸股相關的 ETF 來參與中國未來的上漲行情。而想要搭上這班即將起飛的列車，也不必大老遠地跑到中國或者美國去找尋標的，目前在國內臺灣證券交易所掛牌、可以直接透過你原有的證券帳戶交易買賣的、和中國股市漲跌有關的 ETF，一共有 20 多檔（截至 2020 年 9 月 25 日），整理如下表，提供讀者參考：

最後再提醒投資朋友，在臺灣買賣的中國相關 ETF，可能會有追蹤誤差的問題（請參考本書「第 1 天第 2 小時」的說明）。例如 2018 年中，因為中美貿易戰的關係，人民幣的貶幅（兌美元）很是驚人，如果基於匯率因素的考量，想要規避追蹤誤差，那麼會建議可以選擇有避險機制的陸股 ETF，或是以人民幣直接購買的 ETF。這是因為有些投信公司發行的陸股 ETF 並沒有採取避險策略。當然，若是可以

ETF 股票代號	ETF 名稱	標的指數
0061	寶滬深	滬深 300 指數
006205	FB 上證	上證 180 指數
006206	元上證	上證 50 指數
006207	FH 滬深	滬深 300 指數
00633L	富邦上證 2X	上證 180 兩倍槓桿指數
00634R	富邦上證反	上證 180 反向指數
008201	BP 上證 50	上證 50 指數
00636	國泰中國 A50	富時中國 A50 指數
00637L	元大滬深 2X	滬深 300 日報酬正向兩倍指數
00638R	元大滬深反	滬深 300 日報酬反向一倍指數
00639	富邦深 100	深證 100 指數
00643	群益深証中小	深証中小板指數
00655L	國泰中國 A50 正 2	富時中國 A50 指數
00656R	國泰中國 A50 反 1	富時中國 A50 指數
00703	臺新 MSCI 中國	MSCI 中國指數
00718B	富邦中國政策債	彭博巴克萊中國政策金融債指數
00721B	元大中國國債及政策性金融債 3 至 5 年期債券 ETF 基金	彭博巴克萊中國國債及政策性金融債 3-5 年期債券指數
00739	元大 MSCIA 股	MSCI 中國 A 股國際通指數
008201	標智上證 50 中國指數基金	上證 50 指數

資料來源：臺灣證券交易所、證券櫃檯買賣中心

直接以人民幣交易 ETF，那就和用外幣直接投資海外基金的道理一樣，可以規避人民幣對臺幣匯率波動的風險。不過，如果是投資有避險策略的 ETF，長期持有之下，也會承擔較高的避險成本，自然也會侵蝕報酬率了。瞭解這些觀念之後，相信可以更為輕鬆地掌握中國的投資機會。

優質 ETF 看這裡：
ETF 資訊這裡找

過去幾年，ETF 這種被動式操作的基金，憑藉著穩健的績效、較低的風險等特質，不僅成為許多政府基金、退休基金的首選，也是很多小額投資人資產配置不可或缺的一環。然而，面對如雨後春筍般冒出來的新種 ETF，要如何與時俱進、挑對適合的 ETF，協助自己完成各階段的財務規劃呢？

工欲善其事，必先利其器。本章節將提供給讀者朋友一些實用的網站；透過這些網站資源，你將可以獲得最夯、最 IN 的一手資訊！

單元
重點

・最夯、最 IN 的 ETF 一手資訊何處找？滑手機可以滑出「利」基！

・投資 ETF 靠自己！這些網站資源幫助你！

包羅萬象，新手入門看臺灣證券交易所

Ⓠ 琳瑯滿目的 ETF，有沒有哪些網路資源可以參考使用的？

Ⓐ 近年來，由於各大金融機構都在推廣 ETF，許多投資朋友對這項商品也不再陌生；不過，畢竟 ETF 包羅萬象、品項繁多，如果沒有適當的輔助資源，可能會錯失不少賺錢的機會。幸好現在幾乎人手一支手機，透過行動裝置，到處可以上網，隨手都可以滑出「利」基來！包括臺灣證券交易所、各大投信、鉅亨網、MoneyDJ 理財網等入口網站，都可以找到 ETF 的相關資料，讓你可以伺機而動，靈活地調整投資組合。

首先，如果你想透過原有的證券帳戶將資金布局到全球，我們就來看看目前已經有超過 100 檔 ETF 掛牌的臺灣證券交易所網站，它將 ETF 相關的訊息分門別類、條列清

楚，是想投資 ETF 的朋友絕對不能錯過的網站。

步驟❶　先進入臺灣證券交易所的官網

資料來源：臺灣證券交易所

步驟❷　將網頁下拉，會看見「重要專區」，裡面有「ETF 資訊」。

資料來源：臺灣證券交易所

步驟❸ ETF 資訊專區裡面，可以看到「國內成分證券 ETF」、「國外成分證券 ETF」等資訊。

資料來源：臺灣證券交易所

⭐ 國內成分證券 ETF

可以找到你打算投資的各種 ETF 的商品規格，裡面有標的指數、追蹤方式、管理費、保管費等資訊。這些相關資訊的解讀，我們在前面各章節都已經解釋過了。

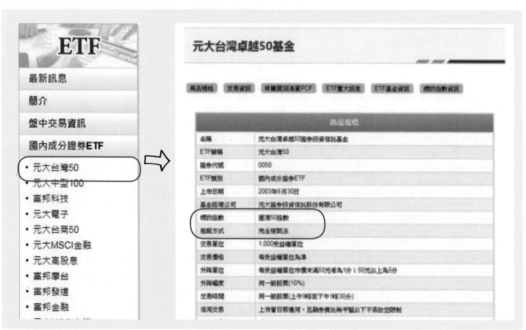

資料來源：臺灣證券交易所

⭐ 國外成分證券 ETF

目前在臺灣證券交易所掛牌的 ETF 當中，也有多檔 ETF 是追蹤各國、各地區的標的指數。例如美國、中國大陸、香港、日本、歐洲、韓國、新興市場等，甚至於目前很熱門的 AI（人工智慧）、機器人等概念的指數（那斯達克全球人工智慧及機器人指數）。在投資前，都可以事先研讀參考。

資料來源：臺灣證券交易所

資料來源：臺灣證券交易所

Ⓠ 如果我想進一步地瞭解該檔 ETF 的公開說明書、基金財務報告書等資訊，還可以去哪裡找？

Ⓐ 如果需要更細部的資訊，建議可以瀏覽發行該檔 ETF 的投信公司官網，可以找到更多有用的資料。

　　例如你想知道最熱門的臺灣 50 成分股，目前包含哪幾家公司？個別占比又是如何？可以連到發行臺灣 50ETF 的元大投信官網，尋找相關資料。步驟如下：

步驟❶　連到元大投信官網，點進「ETF 專區」

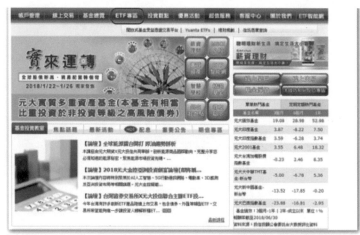

資料來源：元大投信

步驟❷　點進「產品資訊」，就會看到「國內 ETF」中，有一檔「元大臺灣卓越 50 基金」，點進去之後，會出現更多相關資訊。

資料來源：元大投信

步驟❸ 在這個頁面當中，就有關於這檔元大臺灣卓越 50 基金的相關資料，包括該檔 ETF 的公開說明書、基金的歷史淨值等，如果我們想看看目前成分股所占的權重，可以點入「基金持股權重」，看看目前是哪 50 支成分股，所占的比重又分別是多少？

資料來源：元大投信

元大台灣卓越50基金 詳細基金成分股 2018/07/20

基金資產	
基金資產淨值	NTD$67,342,645,015.00
基金在外流通單位數(單位)	800,500,000
基金每單位淨值	NTD$84.13

項目	權重(%)
股票	
期貨	
ETF	
債券	

資料來源：元大投信

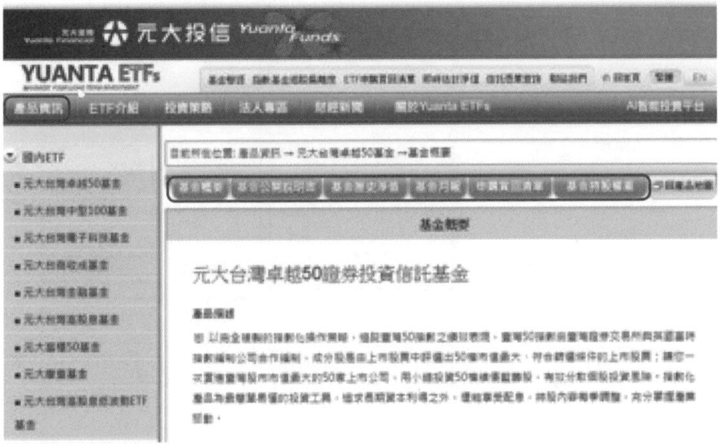

股票			
證券代碼	證券名稱	持股權重(%)	股數
1101	台泥	0.85	14,156,257
1102	亞泥	0.50	9,250,932
1216	統一	2.19	19,120,713
1301	台塑	2.96	19,421,810
1303	南亞	2.68	22,519,064
1326	台化	2.19	13,655,005
1402	遠東新	0.71	15,648,295
2002	中鋼	1.69	49,307,134
2105	正新	0.47	7,312,476
2301	光寶科	0.47	8,482,385
2303	聯電	1.19	47,227,447
2308	台達電	1.26	8,616,086
2317	鴻海	7.19	59,494,479
2327	國巨	1.78	1,547,890
2330	台積電	32.23	95,773,277
2354	鴻準	0.49	4,402,020
2357	華碩	1.04	2,813,380
2382	廣達	0.81	10,611,682
2395	研華	0.42	1,482,305
2408	南亞科	0.36	3,164,349
2409	友達	0.62	35,101,271
2412	中華電	2.40	15,169,443
2454	聯發科	2.33	5,869,323

資料來源：元大投信

步驟❹ 如果你在研究之後，確認這檔 ETF 可以納入投資組合，現在有很多券商都有提供行動版的下單機制，可以一氣呵成、立刻下單，不必擔心上班一忙、忘記下單。

資料來源：華南永昌證券

簡明扼要，鉅亨網的 ETF 排行

Ⓠ 除了國內的 ETF 之外，如果我想瞭解國際之間有哪些熱門的 ETF，有什麼中文網站可以參考的嗎？

Ⓐ 我們以許多投資朋友會參考的鉅亨網為例，做重點式的說明。

步驟❶ 進入鉅亨網的官網之後，將網頁往下拉，看到如下的畫面，點選「ETFs」，就會出現很多 ETF 的資料。

資料來源：鉅亨網

股市	期貨	ETFs	匯市	債市	總經	利率	理財	風暴指數	CDS指標

美股ETFs排行　　美股ETFs報價　　台股ETFs報價　　港股ETFs報價　　A股ETFs報價

時間	代碼	ETF名稱	成交	漲跌	漲%	原幣/外幣	相對外幣價格	折溢價%	追蹤指數	交易所
14:30	0050	元大台灣50	84.65	1.35	1.62	0.256	21.63 HKD	33.04	台灣50指數	台灣
16:00	3002	台灣50	16.26	0.00	0.00	3.913	63.63 TWD	-24.83	台灣50指數	香港
04:00	GLD	SPDR黃金	116.56	0.75	0.65	0.256	914.91 HKD	0.48	0.1盎司黃金	紐約
15:49	2840	SPDR金	910.50	-1.50	-0.16	0.127	116.00 USD	-0.48	0.1盎司黃金	香港

資料來源：鉅亨網

步驟② 假設投資人還沒有心儀的標的物，那麼還可以透過「熱門 ETF」來搜尋目前有哪些是很夯的 ETF，可以降低大海撈針的無助感。

熱門ETF		天然資源	大中華	新興市場	固定收益	貴般類				
時間	代碼	名稱	最新值	漲跌	漲%	開盤	最高	最低	成交量(股)
06:13	SPY	史坦普500__SPY	236.47	-0.64	-26.99	-0.27	236.95	236.02	94,458,577
06:13	QQQ	那斯達克_QQQ	130.02	-0.4	-30.67	-0.31	130.45	129.66	15,077,025
03:59	DIA	道瓊工業__DIA	250.44	-0.03	-0.012	249.82	251.04	249.68	2,679,820
03:59	XLF	SPDR金融__XLF	27.56	0.05	0.1818	27.46	27.64	27.36	51,559,121
04:00	XLE	SPDR能源__XLE	74.89	-0.26	-0.346	75.15	75.32	74.65	10,858,317
04:00	IYR	道瓊房地產_IYR	80.27	-0.68	-0.84	80.69	80.83	79.97	9,497,955
03:59	TAN	克萊摩太陽能_TAN	22.86	-0.21	-0.9103	23.01	23.16	22.82	63,307
04:00	EEM	MSCI新興_EEM	43.96	0.62	1.4305	43.77	44.04	43.7439	75,114,337
04:00	EWZ	MSCI巴西__EWZ	35.65	1.15	3.3333	35.72	35.96	35.42	43,893,422
03:59	EPI	智慧型印度__EPI	25.64	0.24	0.9449	25.66	25.68	25.54	1,120,743
03:59	RSX	俄羅斯ETF__RSX	21.04	0.13	0.6217	20.93	21.05	20.9	5,690,093
04:00	QID	2倍響空QQQ_QID	38.33	0.03	0.0783	38.06	38.41	37.83	2,281,823
04:00	FAS	3倍響多金融_FAS	68.85	0.05	0.0727	68.67	69.27	68.06	1,587,740

資料來源：鉅亨網

步驟③ 如果想要知道更多 ETF 的「行情報價」或者「ETF 排行榜」等資訊，在鉅亨網的 ETF 專區裡，也有不少資料值得投資朋友前往淘寶。有了這些資訊的輔助，再搭配我們前面各章節講解的相關知識，要架構專屬於你自己的投資組合，就會更加有信心了。

ETF總績效排行	年初至今	一個月	三個月	六個月	一年	三年			2018-07-20
代碼	名稱	年初至今%	一個月%	三個月%	六個月%	一年%	三年%
DALT	ANFIELD CAPITAL DIVERSIFIED ALTERNATIVES ETF	1.67	1.53	3.31	-0.82	2.08	103200
1552	Kokusai S&P500 VIX Short Term Futures Index ETF	12.82	0.27	-21.54	17.93	13702.47	2118.25
1552	Kokusai S&P500 VIX Short Term Futures Index ETF	12.82	0.27	-21.54	17.93	13702.47	2118.25
PLTM	GRANITESHARES PLATINUM SHARES ETF	1721.4	-6.75	-11.07	-18.68	-18.68	1037.41
SOXL	Direxion Daily Semiconductors Bull 3x Shares	12.31	-9.55	18.93	-15.49	52.58	439.28

投資風格績效排行	MSCI	槓桿看多	槓桿看空	基本策略	計量策略	資產配置	ETN		2018-07-20
代碼	名稱	年初至今%	一個月%	三個月%	六個月%	一年%	三年%
GRN	iPath全球碳權ETN	75.1	21.65	87.58	97.73	214.14	112.28
BOM	PowerShares 2倍空德銀基本金屬ETN	23.72	2.8	20.71	26.62	-20.17	-46.84
OIL	iPath史坦普高盛原油指數ETN	21.6	2.46	2.46	2.46	23.05	56.67
OLO	PowerShares 看多帶狀原油ETN	18.34	1.2	2.2	9.84	50	-7.08
OIL	iPath史坦普高盛原油指數ETN	16.36	12.24	6.43	44.68	29.2	-31.32

資料來源：鉅亨網

應有盡有，擁抱全世界的 Money DJ 理財網

Q 除了鉅亨網之外，還有哪些有特色的中文網站可以參考的嗎？

A 關於 ETF 投資，MoneyDJ 理財網除了報價資訊之外，還有「ETF 學園」、「ETF 知識庫」，提供對於 ETF 有興趣的投資朋友一個同好的討論園地。

步驟❶ 進入 MoneyDJ 理財網的首頁。

資料來源：MoneyDJ 理財網

步驟❷ 進入 ETF 專區。

資料來源：MoneyDJ 理財網

步驟❸ 進入 ETF 專區中的「ETF 知識庫」，就有相關的討論專區。

資料來源：MoneyDJ 理財網

步驟❹ 關於 ETF 分類的選擇，也可以參考 MoneyDJ 理財網裡的分類資訊。路徑在「ETF 搜尋」項下的「類型搜尋」。

有了這些基本概念，要在網路上搜尋目前績效較好的 ETF，就比較有方向，不至於迷失在眾多的 ETF 當中。

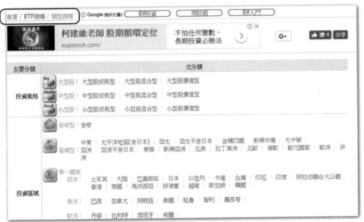

資料來源：MoneyDJ 理財網

關於全球型的 ETF

選擇	代碼	ETF名稱	日期	幣別	報酬率(%)									
					一日	一週	今年以來	一個月	三個月	六個月	一年	二年	三年	五年
☐	BDRY	Breakwave乾散貨運費ETF	07/20	美元	4.74	2.69	6.17	15.90	7.11	N/A	N/A	N/A	N/A	N/A
☐	CHIE	Global X中國能源類股ETF	07/20	美元	2.34	-0.44	11.76	0.87	6.82	6.28	18.45	28.31	6.80	4.77
☐	00677U	富邦標普500波動率短期期貨ER指數基金	07/20	台幣	2.01	-1.46	16.22	-1.30	-22.72	18.71	-33.80	N/A	N/A	N/A
☐	BICK	First Trust巴西中國指數ETF	07/20	美元	1.95	0.58	-7.67	-2.84	-8.41	-13.99	1.23	30.45	26.26	37.44
☐	00672L	元大標普高盛原油正2倍日正向2倍期貨基金	07/20	台幣	1.89	-3.05	31.93	13.01	4.31	20.49	98.05	N/A	N/A	N/A
☐	BJO	iPath B系列咖啡期貨總報酬指數ETN	07/20	美元	1.86	0.62	N/A	-4.73	-6.88	N/A	N/A	N/A	N/A	N/A
☐	CPER	United States銅價指數ETF	07/20	美元	1.64	-1.03	-17.47	-10.08	-13.19	-14.53	-1.03	16.94	4.56	-18.94
☐	CANE	Teucrium糖ETF	07/20	美元	1.59	1.88	-27.91	-6.37	-10.53	-20.96	-29.99	-44.58	-21.93	-50.59
☐	CRAK	VanEck Vectors石油煉製ETF	07/20	美元	1.05	1.91	6.19	2.16	2.71	3.16	35.70	83.92	N/A	N/A
☐	BCD	ETFS彭博所有商品策略無K-1自由主動型ETF	07/20	美元	1.04	-0.44	-2.21	-3.06	-6.43	-4.15	3.10	N/A	N/A	N/A
☐	CMDT	iShares商品優化信託ETF	07/20	美元	0.99	-0.47	-4.87	-3.62	-7.34	-5.76	0.42	-1.42	-8.21	N/A
☐	ARGT	Global X MSCI阿根廷ETF	07/20	美元	0.95	4.48	-15.49	4.74	-15.32	-20.45	0.39	32.36	57.82	79.82
☐	CMDY	iShares彭博滾動策略指數商品策略主動型ETF	07/20	美元	0.90	-0.35	N/A	-3.48	-6.37	N/A	N/A	N/A	N/A	N/A
☐	BLES	Inspire全球成長ETF	07/20	美元	0.89	0.61	1.15	0.10	1.12	-3.43	8.14	N/A	N/A	N/A

資料來源：MoneyDJ 理財網

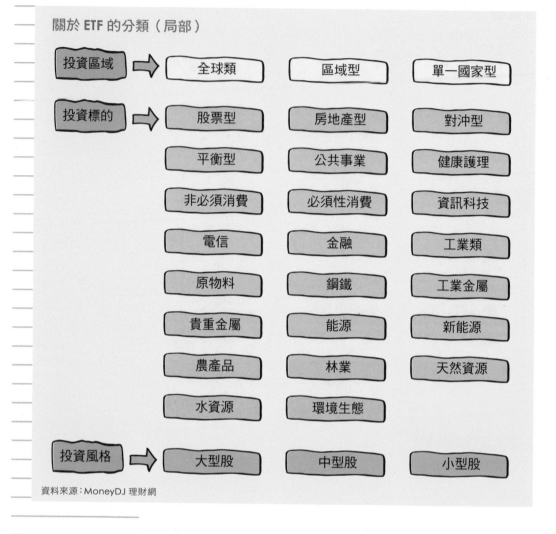

關於 ETF 的分類（局部）

投資區域 ⇒	全球類	區域型	單一國家型
投資標的 ⇒	股票型	房地產型	對沖型
	平衡型	公共事業	健康護理
	非必須消費	必須性消費	資訊科技
	電信	金融	工業類
	原物料	鋼鐵	工業金屬
	貴重金屬	能源	新能源
	農產品	林業	天然資源
	水資源	環境生態	
投資風格 ⇒	大型股	中型股	小型股

資料來源：MoneyDJ 理財網

透過 ETF，將資金放入更多好籃子，更能分散風險、提高報酬率

在地球村成形之後，資金的輪動已經愈來愈快速。投資沒有國界，但是要減少投資所帶來知識的障礙，ETF 將是一般小資男女、上班族等投資朋友的首選！藉由跨界、跨市場的特性，透過 ETF 布局，投資全球，將讓你的資產配置效率再升級！

今天是　　　　年　　月　　日

我想投資　　　　　　　　　　　　　，代碼是

想買的原因是：

第一次就上手
NO.3

除了原型之外……應該選擇反向型或是倍數型 ETF 嗎？

2018 年中的大戲主角，莫過於美國總統川普；除了他大放厥詞、點評各國領袖的作為令人側目之外，再就是啟動全球矚目的中美貿易戰。而這些舉動或多或少會衝擊金融市場。因此，除了美國之外，世界上的主要金融市場的股價指數也波動地異常厲害。那麼，一定會有投資朋友想問：假如只是購買原型的 ETF，會不會錯過許多行情？一旦看空，可以購買反向型 ETF 嗎？看多的話，可以購買多倍數型的 ETF 嗎？

　　以下我們就以大家熟悉的臺股為例，說明買進槓桿型或反向型 ETF 應該注意的事項。

　　我們曾經在第一天第二小時的章節說明有關槓桿型及反向型 ETF 的基礎知識，其中特別提到，槓桿與反向型 ETF 是採用合成複製法「製造」出來的 ETF，所以這一類型的 ETF 不一定會直接持有所欲追蹤標的指數的成分股，而是透過運用相關的衍生性金融商品（例如期貨、選擇權等）來達到追蹤指數表現的「效果」，也因此潛藏較多的風險。

　　既然是運用衍生性金融商品達到追蹤指數表現的「效果」，那麼可能會有投資人認為，槓桿型及反向型 ETF 應該會與期貨、選擇權或融資融券等投資工具擁有相同的特質；其實，這二者除了分別可達到槓桿及反向的類似效果之外，本質上是有相當大的差異的。但是和期貨、選擇權相同的是：槓桿型及反向型 ETF 也不適合長期持有！

　　根據證交所的解釋，槓桿型及反向型 ETF 的投資目標，是以「單日」為計算基礎（請注意以下的商品規格，

這類型 ETF 的名稱，都有特別強調「單日」）。當投資人持有這二類型的 ETF 超過一天，該 ETF 是無法提供超過單日以上的倍數或反向倍數的累積報酬的。這主要是因為市場的波動，以及複利效果持續累積的影響。

我們知道，市場上並沒有所謂報酬二倍或負一倍的股票。所以，不管是正二還是反一，都是運用「期貨、選擇權等衍生性金融商品」來達到二倍槓桿或是反向一倍的效果。既然是運用期貨、選擇權等衍生性金融商品，其績效表現就會隨著基金經理人的操盤功力而有所不同（這一點，又是和「主動式基金」的操作一樣了）。

表 1：元大臺灣 50 正 2 採取的是合成複製法

商品規格	
名稱	元大ETF傘型證券投資信託基金之台灣50單日正向2倍證券投資信託基金
ETF簡稱	元大台灣50正2
證券代號	00631L
ETF類別	槓桿型ETF
上市日期	2014.10.31
基金經理公司	元大證券投資信託股份有限公司
標的指數	臺灣50指數
追蹤方式	合成複製法
交易單位	1,000個受益權單位
交易價格	每受益權單位為準
升降單位	每受益權單位市價未滿50元者為1分；50元以上為5分
升降幅度	20%
交易時間	臺灣證券交易所開盤日上午9:00~下午1:30
信用交易	上市當日即適用，且融券賣出無平盤以下不得放空限制
證券交易稅	千分之一
交易手續費費率	同上市證券，由證券商訂定，但不得超過千分之一點四二五
管理費	1%
保管費	0.04%
申購/贖回方式	現金申購/贖回
申購/買回申報時間	上午9時至中午12時
申購/買回基本單位	以500,000受益權單位為基準
收益分配	無收益分配
基金經理公司網站	http://www.yuantaetfs.com

資料來源：臺灣證券交易所

另外，隨著盤勢的起伏，每日動態調整、操作衍生性金融商品，將產生可觀的交易費用，自然會侵蝕基金的原有報酬。姑且不論投資朋友長期的趨勢看法是否正確，如果打算長期投資，光是這些衍生的交易成本，可能就不是你當初期待的可以加倍奉還（例如買正向二倍的 ETF）那麼單純了。

而這一部分的具體數字，我們已經在第一天第二小時的單元有舉例說明，投資朋友可以再回頭翻閱一下。這裡要提醒投資朋友的是，這二類型的 ETF 僅適合作為短期或策略性交易的投資工具，並不適合長期持有。

另外一個不適合長期持有的理由，就是正二與反一並沒有股利可以領，這也是和原型 ETF 不同的地方。如果我們投資 0050 或者 0056，買在相對高點、遭到短套時，可以繼續買進並持有，等著每年的配息，讓每年的股利來攤平持有的成本。但是，正二或反一除了沒有股利之外，還要加上前面提到的交易成本，一旦看錯又不停損的話，是很難讓你有機會可以反敗為勝的。

我們可以看圖 3 的走勢。股市萬點已經成為常態，卻仍有許多投資人「看不慣」，於是，每天的 00632R 成交量（皆為五位數的成交量），都高居所有 ETF 之冠！但是它的價格當然與大盤指數背道而馳──呈現每況愈下！持有並買進這檔 ETF 的投資人，不管是短期或是中長期，要能夠賺錢還真是不容易啊！

那麼，買入正二的 00631L 呢？因為看對趨勢，所以報酬率相對比較可觀。如果我們從 2017 年 5 月 26 日那週股市站上萬點起算，截至 2018 年 7 月 16 日為止，其股價從 30.16 上漲到 37.78，漲幅超過 25%，也約當是大盤還原權值之後的二倍左右。

不過，由於臺股這幾年來相對穩定，每天的振幅其實不大，劇烈震盪超過 100 點的天數其實不算多；根據統計，

圖 1：元大臺灣 50 正 2 走勢圖

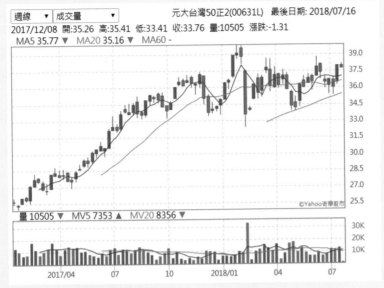

資料來源：Yahoo! 奇摩股市

圖 2：大盤走勢圖

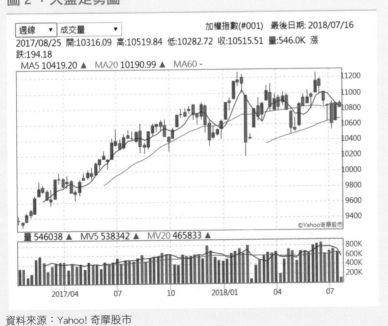

資料來源：Yahoo! 奇摩股市

往往不超過 1%（以臺股每年交易約 250 天，但是要有上下震盪超過百點以上的天數，應該不超過 30 天）。

　　既然起伏不大，要能夠賺到槓桿倍數的機會，相對也就較小了。既然如此，還值得你去冒著可能虧損二倍的風險去買進槓桿倍數的 ETF 嗎？聰明的你，可能得考慮一下了！

表 2：元大臺灣 50 反 1 採取的是合成複製法

商品規格	
名稱	元大ETF傘型證券投資信託基金之台灣50單日反向1倍證券投資信託基金
ETF簡稱	元大台灣50反1
證券代號	00632R
ETF類別	反向型ETF
上市日期	2014.10.31
基金經理公司	元大證券投資信託股份有限公司
標的指數	臺灣50指數
追蹤方式	合成複製法
交易單位	1,000個受益權單位
交易價格	每受益權單位為準
升降單位	每受益權單位市價未滿50元者為1分；50元以上為5分
升降幅度	10%
交易時間	臺灣證券交易所開盤日上午9:00~下午1:30
信用交易	上市當日即適用，且融券賣出無平盤以下得放空限制
證券交易稅	千分之一
交易手續費費率	同上市證券，由證券商訂定，但不得超過千分之一點四二五
管理費	1%
保管費	0.04%
申購/贖回方式	現金申購/贖回
申購/買回申報時間	上午9時至中午12時
申購/買回基本單位	以500,000受益權單位為基準
收益分配	無收益分配
基金經理公司網站	http://www.yuantaetfs.com

資料來源：臺灣證券交易所

重點小整理：

在交易所的投資 ETF 應注意事項當中，有特別提到，「槓桿型
及反向型 ETF 之基金操作，是運用期貨以達槓桿及反向倍數報
酬，期現貨之正逆價差及基金經理人之操作能力均可能影響 ETF
之追蹤誤差」。而通常這裡的追蹤誤差會比一般傳統型 ETF 要
來得高。

再來看另一段警語，「槓桿型及反向型 ETF 因每日均需動態調
整，所衍生之交易費用會侵蝕 ETF 之獲利，盤中預估淨值與盤
後揭露之實際淨值價格可能差距會較一般傳統型 ETF 為高」，
各位明白了吧？

所以，我們在投資槓桿型及反向型 ETF 前，可得要先衡量一下
自己的風險接受度，避免在損失「加倍奉還」時才來一臉茫然、
盡顯無辜，可能為時已晚了。

圖 3：元大臺灣 50 反 1 走勢圖

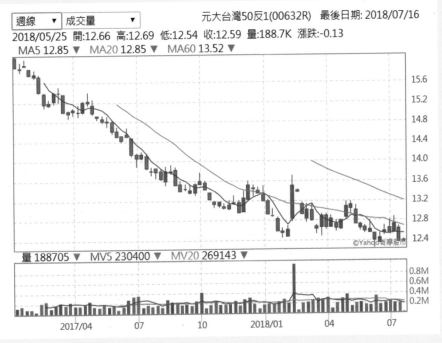

資料來源：Yahoo! 奇摩股市

心動也要
行動！

今天是　　　年　　月　　日

我想投資的項目是　　　　　　　　　，代號是

想買的原因是：

今天是 　　　年　　月　　日

我想投資的項目是 　　　　　　　　　，代號是

想買的原因是：

圖解筆記14
3天搞懂ETF投資
跨市跨境高CP值，讓你繞著地球賺N圈！

作　　者：梁亦鴻
責任編輯：林佳慧
校　　對：梁亦鴻、林佳慧
視覺設計：廖健豪
繪圖、製表：廖健豪
寶鼎行銷顧問：劉邦寧

發 行 人：洪祺祥
副總經理：洪偉傑
副總編輯：林佳慧
法律顧問：建大法律事務所
財務顧問：高威會計師事務所
出　　版：日月文化出版股份有限公司
製　　作：寶鼎出版
地　　址：台北市信義路三段151號8樓
電　　話：(02)2708-5509｜傳真：(02)2708-6157
客服信箱：service@heliopolis.com.tw
網　　址：www.heliopolis.com.tw
郵撥帳號：19716071 日月文化出版股份有限公司

總 經 銷：聯合發行股份有限公司
電　　話：(02)2917-8022｜傳真：(02)2915-7212
印　　刷：禾耕彩色印刷事業股份有限公司
初　　版：2018年8月
初版九刷：2024年4月
定　　價：300元
Ｉ Ｓ Ｂ Ｎ：978-986-248-745-7

國家圖書館出版品預行編目資料

3天搞懂ETF投資：跨市跨境高CP值，讓你繞著
地球賺N圈！/ 梁亦鴻著.
-- 初版. -- 臺北市：日月文化，2018.08
256面；17 × 23公分. –（圖解筆記；14）
ISBN 978-986-248-745-7（平裝）

1.基金 2.投資

563.5　　　　　　　　　　　　107010531

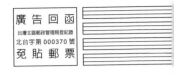
日月文化集團 讀者服務部 收

10658 台北市信義路三段151號8樓

對折黏貼後，即可直接郵寄

日月文化網址：www.heliopolis.com.tw

最新消息、活動，請參考 FB 粉絲團

大量訂購，另有折扣優惠，請洽客服中心（詳見本頁上方所示連絡方式）。

大好書屋

寶鼎出版

山岳文化

EZ TALK

EZ Japan

EZ Korea

日月文化集團
HELIOPOLIS
CULTURE GROUP

感謝您購買 　　**3天搞懂ETF投資：**跨市跨境高CP值，讓你繞著地球賺N圈！

為提供完整服務與快速資訊，請詳細填寫以下資料，傳真至02-2708-6157或免貼郵票寄回，我們將不定期提供您最新資訊及最新優惠。

1. 姓名：＿＿＿＿＿＿＿＿＿＿＿＿＿　　　性別：□男　　□女

2. 生日：＿＿＿＿年＿＿＿＿月＿＿＿＿日　職業：＿＿＿＿＿＿＿

3. 電話：（請務必填寫一種聯絡方式）

　　（日）＿＿＿＿＿＿＿＿　（夜）＿＿＿＿＿＿＿＿（手機）＿＿＿＿＿＿

4. 地址：□□□＿＿＿＿＿＿＿＿＿＿＿＿＿＿＿＿＿＿＿＿＿＿＿＿＿

5. 電子信箱：＿＿＿＿＿＿＿＿＿＿＿＿＿＿＿＿＿＿＿＿＿＿＿＿＿＿

6. 您從何處購買此書？□＿＿＿＿＿＿＿＿縣/市＿＿＿＿＿＿＿＿書店/量販超商

　　□＿＿＿＿＿＿＿＿網路書店　□書展　　□郵購　　□其他

7. 您何時購買此書？　　年　　月　　日

8. 您購買此書的原因：（可複選）

　　□對書的主題有興趣　□作者　□出版社　□工作所需　□生活所需

　　□資訊豐富　　□價格合理（若不合理，您覺得合理價格應為＿＿＿＿＿＿）

　　□封面/版面編排　□其他＿＿＿＿＿＿＿＿＿＿＿＿＿＿＿＿＿＿

9. 您從何處得知這本書的消息：　□書店　□網路／電子報　□量販超商　□報紙

　　□雜誌　□廣播　□電視　□他人推薦　□其他

10. 您對本書的評價：（1.非常滿意 2.滿意 3.普通 4.不滿意 5.非常不滿意）

　　書名＿＿＿＿　內容＿＿＿＿　封面設計＿＿＿＿　版面編排＿＿＿＿　文/譯筆＿＿＿＿

11. 您通常以何種方式購書？□書店　　□網路　□傳真訂購　□郵政劃撥　□其他

12. 您最喜歡在何處買書？

　　□＿＿＿＿＿＿＿＿縣/市＿＿＿＿＿＿＿＿書店/量販超商　　□網路書店

13. 您希望我們未來出版何種主題的書？＿＿＿＿＿＿＿＿＿＿＿＿＿＿＿＿

14. 您認為本書還須改進的地方？提供我們的建議？

＿＿＿＿＿＿＿＿＿＿＿＿＿＿＿＿＿＿＿＿＿＿＿＿＿＿＿＿＿＿＿＿＿

＿＿＿＿＿＿＿＿＿＿＿＿＿＿＿＿＿＿＿＿＿＿＿＿＿＿＿＿＿＿＿＿＿

＿＿＿＿＿＿＿＿＿＿＿＿＿＿＿＿＿＿＿＿＿＿＿＿＿＿＿＿＿＿＿＿＿

＿＿＿＿＿＿＿＿＿＿＿＿＿＿＿＿＿＿＿＿＿＿＿＿＿＿＿＿＿＿＿＿＿

圖解
筆記